Hans Bachmann/Alles Balzer

Hans Bachmann

Alles Balzer

Rituale, Riten und Mythen in Politik und Gesellschaft

Eine Recherche

EDITION VA BENE

Die Deutsche Bibliothek – CIP-Einheitsaufnahme

Bachmann Hans:
Alles Balzer : politische Rituale, Riten, Mythen /
Hans Bachmann. –

Wien ; Klosterneuburg : EDITION VA BENE, 1999
(Eine Recherche)
ISBN 3-85167-083-3

Internetadresse: http://www.vabene.at/vabene

Umschlaggestaltung: Brigitte Schwaiger, Wien
Repro: Theiss-Druck, Wolfsberg
Satz und Druckvorlage: Mag. Franz Stadler, Wien
Produktion: Die Druckdenker GmbH, Wien

Printed in Austria

ISBN 3-85167-083-3

Inhalt

Über die neue Welt der Stämme 9
Einweihung und Ritual 9

1 Ritual – was nun? 17
1.1 Alte Mythen – neue Mythen, neue Riten 19
1.2 Rituale – alter Schrott oder Mentaler Ordnungspolizist für die Steuerung der Welt? 20

2 Die nationalen politischen Rituale 25
2.1 Ritual als Politik – Rituale als Bremsscheiben der Gesellschaft 25
2.2 Die Sockelrituale der Politik am Beispiel Österreich 29
2.2.1 Woher kommt unser rituelles politisches Verhalten in der Zweiten Republik? 30
2.2.2 Das Neutralitätsritual 33
2.2.3 Das Sozialpartnerritual 35
2.2.4 Das Oppositionsritual 41
2.2.5 Das Entmachtungs- und Initiationsritual der Jugend oder Der Staat als Geiselnehmer 43
2.2.6 Die Beschwichtigungs- und Untersuchungsausschußrituale oder Das Bürger-zu-Staat-Ritual 44
2.2.6.1 Das Querulantenritual 46
2.3 Die Bekleidungsrituale der Politik 48
2.4 Die rituelle Sprache der Politik 50
2.4.1 Das Jargonritual (Sprachrituale) 52
2.5 Die juristische Sprache 53

2.6 *Bürokratenjargon* 54
2.7 *Die roten Rituale* 55
2.8 *Die schwarzen Rituale* 57
2.9 *Parteiprogramme oder Die politische Kommunikation als erwartete Heilsbotschaft* 59
2.10 *Sitzungsverläufe und Protokolle* 61
2.11 *Die Vereinigungs- und Unifizierungsrituale* 63
2.12 *Politisches Marketing* 64
2.13 *Die Rede als Ritualtext* 69
2.14 *Politische Symbole – die Stammeszeichen* 72
2.15 *Ventile* 76
2.16 *Die Distanz–Nähe-Rituale* 78
2.17 *Das Omnipräsenzritual* 81
2.18 *Gesetzestexte, Erlässe, veröffentlichte Regeln* 84

3 Die halbamtlichen Rituale in den Subsystemen 89
3.1 *Kirchenrituale* 89
3.2 *Machtkommunikation „Top down"* 92
3.3 *Militärische Kommunikation* 95
3.4 *Bildungskommunikation – die Akteure des „Belehrungsstammes"* 98
3.5 *Das Arbeitgeber–Arbeitslosen-Ritual* 101
3.6 *Das Politik–Sport-Ritual* 103
3.7 *Olympia – machtvoller Kriegsersatz* 106
3.8 *Fußball und Politik* 107
3.9 *Schifahren* 108
3.10 *Das Großkapitalritual* 111
3.11 *Das Gerichtsritual* 115
3.12 *Das Subordinationsritual* 116

4 Die regionalen Rituale 119
4.1 *Festspiele* 125
4.2 *Schützen und Vereine* 126
4.3 *Weihnachten* 127
4.4 *Diverse Rituale* 128
4.5 *Das Kärntner Heimattreueritual* 130
4.6 *Das Villacher-Fasching-Ritual* 132
4.7 *Der Opernball* 133

5 Die Sozialrituale in der Bürgerschaft 137
5.1 *Die Rituale des Reisens – ein Spiegel unseres Lebens* 138
5.2 *Die Berichte über das Reisen* 139
5.3 *Das Essen* 142
5.4 *Die Kleidungsrituale* 143
5.5 *Charity* 145
5.6 *Das Messerstecherritual im Straßenverkehr oder Die Rituale der kollektiven Verkehrserziehung* 148
5.7 *Die Kinder-Widerstands-Rituale* 150
5.8 *Das Dichand-Republik-Ritual* 152
5.9 *Versammlung und Rede* 155
5.10 *Der Sprachschatz* 160

6 Die individuellen Rituale – das Lebensritual 167
6.1 *Ventil- und Geiferritual* 167
6.2 *Medienritual* 168
6.3 *Die Eröffnungs- und Spatenstichrituale* 169
6.4 *„Geschwollen daherreden“* 170

6.5 *Das „Haumma net–brauch ma net“-Ritual der Wiener* 171
6.6 *Das „Seavas, wie geht 's da?“–„Ruf ma uns z'samm“-Ritual* 172
6.7 *Das Gestaltungsritual* 173
6.8 *Liebe* 175
6.9 *Sex* 177
6.10 *Berührung* 178
6.11 *Die individuelle laute Sprache* 179
6.12 *Der Kaufrausch* 182

7 Mythen, Symbole, Zeremoniell und Rituale 183
7.1 *Das Ritual als mentaler oder psychosozialer Ort* 186
7.2 *Das Ritual als Diskussion mit sich selber* 187
7.3 *Die Orientierungsleistung des Rituals* 188
7.4 *Rituale und Feste* 189
7.5 *Kommunikativer Wert der Rituale* 190
7.6 *Komfortzone der Rituale* 194
7.7 *Die Mann–Frau-Rituale* 196
7.8 *Die Weltrituale* 198
7.9 *Ritualformen* 199
7.9.1 *Heilrituale* 200
7.9.2 *Umkehrrituale* 200
7.9.3 *Beständigkeitsrituale* 201
7.9.4 *Eroberungsrituale* 202
7.9.5 *Inititationsrituale* 203

8 Nachwort und Vorausschau 207
Literaturempfehlungen und -hinweise 211

Über die neue Welt der Stämme

Einweihung und Ritual

Das Ritual ist die Erlösung aus dem Heimweh.

„Der Mensch ist als einzelner geboren und zur Gemeinsamkeit verdammt."

Kant bringt in meisterlicher Prägnanz und Kürze den dualen Horror des Menschen auf den Punkt: einzelner zu sein und sein zu wollen, aber Gemeinsamkeit leben zu müssen, ja auch zu wollen. Je kleiner die Einheit ist, in der das Leben läuft, desto klarer sind die Konturen und die Grenzen. Kein Mensch eilt aufgeregt von einem Ende eines Dorfes zum anderen, um alles zu erkunden, denn alles ist bekannt.

Die Welt, die zum Dorf wird, macht Entdecker wie Marco Polo und Kolumbus überflüssig, denn jeder kann Marco Polo sein oder Kolumbus – daher gibt's auch keine Aufregung mehr, weil „die Welt sehen" kein knappes Gut mehr ist. Aber wer unterwegs ist, verliert das ursprüngliche Daheim ein wenig aus den Augen.

Heute leben wir in einer der ganz großen Zeitenwenden.

Die tektonische Verschiebung der Welt durch die technischen Voraussetzungen ist viel größer, als wir glauben wollen. Die Globalisierung ist Voraussetzung für ein gänzlich neues Phänomen, das die Informationsgesellschaft derzeit erlebt:

Die Welt wird einerseits immer transparenter, andererseits werden lokale Nachbarschaften aber immer fremder. Die Menschen gehen auf die Suche nach weltweiter Vertrautheit. Gleichzeitig verlieren sie die lokale Kuscheligkeit. Wir sind aus der Mitte geworfen, hinein in eine exzentrische Existenz am Rande neuer Welten. Es wundert nicht, daß die Sehnsucht nach Heimaten steigt, obwohl das Heimweh abgeschafft scheint: das kulinarische durch McDonalds, das akustische durch CNN und MTV, das olfaktorische durch Calvin Klein, das modische durch Diesel, Dolce und Gabbana oder Levis und das topografische sowieso schon längst durch die virtuelle Erreichbarkeit aller Oberflächen der Welt in 10 Sekunden oder real in weniger als zwei Tagen. Die bisher großen Distanzen schrumpfen, die kleinen Distanzen werden größer. Die Rituale der Heimeligkeit lösen sich gemeinsam mit den Organisationen, die sie zelebrierten, auf.

Neue Kontinente der Wahrnehmung und Information – wie globale Medien und das Internet – sind entstanden. Die Welt wird ganz und gar betrachtbar und betretbar und zerfällt dabei gleichzeitig in eine Unzahl von kinetisch potenten Stämmen. „Alle Orte der Welt stehen sich von Antlitz zu Antlitz gegenüber." (Virilio, Philosophie der Geschwindigkeit, Merve)

Ein Soziobeben verwirft ganze Gesellschaften, formiert sie neu, alte, vertraute Idyllen verschwinden, neue „Orte", neue „Stämme" entstehen. Neue Rituale werden geschaffen.

Wir ganz und gar modernen Menschen rasen durch die Welt als Satelliten vieler Stämme, mit häufig wechselnden Gravitäten und schnellen Richtungsänderungen. Die Technokraten wollen uns bändigen und einfangen, die Demokraten glauben an die Möglichkeit der allgemeinen Zugänglichkeit aller zu allen Geschwindigkeiten. Sie glauben an die Selbstregulierung durch die normativen Kräfte, die uns am Boden der – nunmehr allerdings vielen – Wirklichkeiten festhalten. Beide wissen: Rituale halten zusammen. Die Diktatoren und Machttechnokraten glauben an Staats- und Machtrituale. Die Demokraten an selbstgesteuerte Rituale.

Wir kennen uns plötzlich besser in der Welt aus. Sehr gut sogar. Ärzte, Datenarbeiter, Verwaltungsbeamte, Richter, Piloten, Militär, Manager, Werbeleute und Priester aller Religionen kommunizieren mit ihresgleichen in der ganzen Welt besser als mit den lokalen Mitbewohnern anderer „Stammeskulturen". Sie haben mehr mit jenen gemein, die das gleiche Ritual und die gleiche Kommunikation weltweit praktizieren, als mit dem Bürger des gleichen Staates, wenn dieser in einem anderen Informationsstamm organisiert ist. Das ist neu. Jenseits ethno- oder glaubenszentrierter Weltbilder hat sich ein globales Welt-Bild aufgetan.

Wir sehen, daß die alten Bilder von Nähe und Entfernung nicht mehr stimmen. Das Nahe ist uns fern, das Ferne ist uns nahe geworden.

Der Reiz, sich in der großen Welt als Teil eines mächtigen „Universal tribe" – sozusagen eines globalen Mittelstandes – wiederzufinden, macht das Verständnis für den unmittelbaren Nachbarn relativ und absolut kleiner. Daß dadurch das Zusammenleben nicht notwendigerweise besser wird, scheint klar. Was uns noch bindet, sind die über den Tribes stehenden Staats- und Volksrituale.

Aber die Welt ist neu erschaffen worden. Sie hat gleichzeitig neue Verwandtschaften, neue Fremdheiten und Unterschiede hervorgebracht. Nur wenn wir diese etwas besser verstehen, können wir „mitreden", ohne uns zu überanstrengen oder uns dem Frust des Mißverständnisses ergeben zu müssen. Wir müssen uns „zu helfen wissen" und versuchen, unsere alten Spielregeln nicht allzu schnell zu vergessen, wenn wir die Spielregeln der neuen globalen Rituale lernen.

Wer sich nicht mehr durch die Denk-, Raum- und Zeitvorgaben aus politischen Zentralen lenken läßt, sondern selbst die Initiative ergreift, darf nicht mehr länger die Vertrautheit der Sicherheiten eines „regulierten" Soziotops genießen wollen. Der moderne weltmobile Mensch muß seine Stammessprache auf Kompatibilität mit anderen Stammessprachen ausrichten und kann sich nicht nach seiner unmittelbaren heimatlichen Herde orientieren – sondern nach neuen Heimat-Herden. So ist der heimatliche Herd ausgetauscht mit der neuen „Herde" der Zugehörigkeit, die in der Diaspora lebt. Das ist Chance und Gefahr.

Wir dürfen nicht irrglauben, daß wir die Welt endgültig kennen, wenn wir mit unseresgleichen in Yokohama, Seattle, Kapstadt oder Berlin leicht und schnell kommunizieren. Doch wir kennen sie besser.

Wir können uns auch klar darüber werden, wie es leichter geht, im Regionalen aber auch im Globalen, an allen Nachbarn – nicht nur den Gleichen im Stamme – anzudocken: Wenn wir die „Ab-Stammung" der Information, das herrschende und verbindende Ritual über dem trennenden Gruppenritual erkennen.

Die Bejahung der neuen Geschwindigkeitsrituale und der komplexen Flexibilität hilft uns, das Tempo der Welt zu begreifen und zu nutzen.

Menschen tauschen Informationen durch ihre mobilere, geänderte Lebens-, Arbeits-, Konsum- und Freizeitgewohnheiten, die geänderte Politik und die technischen Möglichkeiten erstmals auch auf weltweiter Basis aus: immer schneller, immer mehr und immer häufiger.

In neuen weltweiten Teilkulturen ähneln einander die Kommunizierenden mehr, als sie es durch gleiche Religion, Rasse und örtliche Nachbarschaft tun.

Durch die Beschreibung dieser sozioritueIlen Orte oder Oasen in den Stämmen der Liebenden, der Pfarrer, der Richter, Gangster, Frauen, Piloten, Politiker, Redner, Datenarbeiter, Redakteure etc. wird eine Zusammenschau ermöglicht. Dazu kommen die Instrumente, die Menschen zur Kommunikation ursächlich einsetzen – die Sprache, die Zeichen und Symbolik, die Kleidung, der Sex, die Liebe und so weiter. Das Verständnis und das Verstehen von Kommunikation steigen, wenn wir die Oasen der Kommunikation und die Rituale besser kennen.

Bessere „Ortskenntnisse" führen zu besserer Kommunikation. Bessere Kommunikation führt zu einer besseren Welt.

Einzelne „Szenen oder Subkulturen" schaffen sich rund um Kommunikation – und mit Kommunikation – immer wieder eigene Klimata und werden durch dieses nur ihnen eigene Kommunikationsmikroklima ständig neu erschaffen. Sie werden als eigene Welten mit eigenen Sprachen und eigenen Zeichen verfestigt.

Die Rituale tragen noch einen entscheidenden Faktor in sich: die Zeit. In ihnen schläft, so möchte ich es sagen, eine Menge an verdichteter Zeit und zur Ruhe gekommener Komplexität. In ihnen schlummern unzählige Informationen, die in dieser Zeit geschaffen worden sind.

Eine Frage zum Verhalten im Ritual.

Was ist Ritual?

Wer Dinge tut, die auch andere gleich tun und die nach geschriebenen oder ungeschriebenen Regeln immer in weitestgehend ähnlicher Form ablaufen, der befindet sich in einem Ritual. Ritual, so heißt es, sei die Rettung der Individualisten vor dem Chaos. Nun – selbstverständlich ist nicht allein diese Definition gültig.

Wie trennen wir Rituale von anderen wiederkehrenden Verhaltensformen und Gruppenchoreographien?

Stereotypien sind über das Ritual hinausgewachsene Verhaltenswiederholungen, in denen die Erinnerung an das rituelle (also die unbewußt gewußte Choreographie eines Ablaufs) meist verloren gegangen sind. Stereotypien sind die Phrasen des verlorenen Rituals.

Riten sind religiöse Rituale.

Gewohnheiten sind „Regelmäßigkeiten" einer Handlung ohne reflektierten Zweck.

Kulte sind soziale Verhaltensweisen im mythologisch sakralen Bereich, z. B. Totenkulte und Glaubenskulte. Im Kult ist Anbetung, im Ritual nicht. Ritual betet nie an – Ritual erinnert nur.

Ticks und Schrullen schließlich sind stereotype Verhaltensweisen – ebenfalls ohne „verbindlichen Auftrag" an sich und andere. Sie sind zwar Wiederholung und Ordnung, jedoch ausschließlich an und für sich und nicht im Zweckbereich der Ordnung und Orientierung wie z. B. ein Ritual.

Hier begegnen wir gleich unserem hauptsächlichem Spannungsbogen: Wiederholung und Ordnung. Wenn ich das Ritual zwischen „Zwanghaftigkeit und Orientierung" sehe, muß ich es auch zwischen den Polen der Wiederholungszwänge – selbstauferlegt oder rituell definiert – und den erwünschten Ordnungsstrukturen, entweder selbstauferlegt oder durch die Ritualwächter definiert, betrachten.

Ritual ist somit etwas Soziales *und* etwas Individuelles. Ein Script. Ein Kulturstenogramm eines Stammes. Geschaffen vom jeweils vorherrschenden Mythos. *„Die wichtigste Funktion von Mythologie und Ritus war es immer, Symbole zu schaffen, die den menschlichen Geist vorwärts bringen." (Joseph Campbell)*

Ritual bindet das Individuum an die Gruppe. Gleichwohl kann es aber auch individuell inszeniert und befolgt werden. Schließlich ist es auch eine Handlungssequenz, die von anderen kommt und die für Akteure verbindlich zwingend – und für Zuschauer orientierend ist.

Da wir unbestritten unsere Rollenfähigkeiten besitzen, können wir im Ritual wechselnd sowohl Teilnehmer als auch Zuseher sein.

Rituale sind tiefreichende kulturelle Übereinkünfte, die für den Menschen mit sich selbst oder mit einer Gruppe einen Dialog herstellen. Auf dieses merkwürdige „mit sich selbst" werde ich noch zu sprechen kommen.

Rituale sind keine Parties oder sonstige Versammlungen – sie sind geplant, laufen nach Mustern ab, sind im Zugang limitiert, und sollen den Menschen, der daran teilnimmt, informieren, instruieren, orientieren und verändern. Und sie schließen aus, sie grenzen ab. Gleichsam sind Rituale aber auch Kommunikation: verschlüsselte Kommunikation, da der Boden oft nicht mehr sichtbar ist, auf dem Rituale gewachsen sind.

Ich war dabei, als …

Ich war einer von jenen, die …

Ich habe gesehen, wie …

Es geht bei den Erinnerungen, die eine Gruppe betreffen, immer darum, einer von jenen gewesen zu sein, die „hautnah" das Ereignis mit-erlebt haben. Also nicht nur „erlebt", sondern „miterlebt". Das kann als Beweis dafür gewertet werden, daß die Attraktion von rituell angelegten Veranstaltungen nicht im individuellen Erlebniswert der Zeugenschaft einer kulturellen, sportlichen oder auch sakralen Leistung betrachtet werden darf, sondern als soziales Event, in dem man Teil jener geworden ist, die „auserwählt“ waren, das Ereignis zu sehen.

In einer Soziologie des Sports oder der Bünde können die Aspekte der Identitätsstiftung und der Friedensstiftung durch das erzeugte Sozialgefühl näher untersucht werden.

Der Effekt der Identifikation mit den anderen angesichts eines Ereignisses, das alle gleichermaßen erleuchtet und bindet, wird natürlich auch von Demagogen usurpiert.

Man kann durch die Inszenierung der „auserwählten“ Masse starke Emotionen freisetzen: ein „In-Bewegung-Setzen“ von jenen Massen, die im Ereignis „gefesselt“ sind. Durch die Fesselung im Ereignis findet eine Befreiung von der Außenwelt und den in dieser wirkenden Botschaften statt. Deshalb sind die Rituale und die Symbole in allen Gruppen, die sich einem Ziel verschrieben haben, unerläßlich. Die Rituale dienen im Ereignis zur Fesselung der Aufmerksamkeit im gleichen Rhythmus und zur Überwindung von außenliegenden Faktoren wie Zeit und Raum.

1 Ritual – was nun?

Es ist uns ein wenig unbehaglich geworden in der Kälte der großen, weiten Welt. Wir zeigen uns nach dem kurzen Schock der Aufklärung und Moderne zunehmend dankbarer für Rituale. Das läßt uns Sekten und Gurus folgen, füllt Wellness-Tempel und verschafft den Erklärungsprofis aller Richtungen zu Hochkonjunktur.

Man kommt rituell zusammen, bezahlt viel Geld dafür, zelebriert „Togetherness" und Harmonie, weil die alten Gewißheiten nicht mehr existieren. Ja selbst den Mächtigen im Lande geht es dreckig, denn sie verlieren ihre Macht und inszenieren ihre Rituale nicht mehr als Akteure, sondern werden re-inszeniert durch Außenstehende, die mächtiger sind. So gilt es, neue Koalitionen im Herzen und im Geiste zu finden. Ein gar nicht leichtes Ding, denn einmal irgendwo Zuhause zu sein, das tut schon gut. Und es bedrückt, wenn man das Haus verlassen muß, besonders wenn man einer Gesellschaft der Seßhaften angehört. Das europäische Ritual ist über uns gekommen, mit dem Paradigma der neuen Toleranz und Mobilität. Und mit den Paradigmen in den Ritualen ist es so eine Sache: Die Kampf- und Heilrituale, die Umkehrrituale, die Beständigkeitsrituale oder Eroberungsrituale – alle fußen auf einer sehr simplen Grundannahme, auf jenem Antrieb, der das Ritual über das bloße Zusammenkommen einer Gruppe, die sich ihrer selbst vergewissert, weit hinaushebt und zu einer Handlungskraft macht, die nicht zu unterschätzen ist: Sie ist das jeweilige kulturelle Paradigma.

Aber Rituale verschwinden auch mit ihren Institutionen. Die Parteitagsrituale der KPdSU, die Kampf- und Protz- und Propagandainszenierungen, die mit Trommelrhythmus und Trommelwirbel genau das taten, was Rituale können: einen Ort schaffen, der größer war als man selber, sind abgetreten. Eine Transzendenz, eine Erleuchtung, ein Aufgehen-in-Etwas herstellen, egal ob dies ein Ritual der Liebe ist, in dem man im Partner aufgeht, oder ein Ritual einer Masse, in der der einzelne verschwinden kann und sich wohlig weggetragen fühlt, sind die Kernbereiche des Erlebens im Ritual. Wenn Institutionen verschwinden, wenn sich politische Landschaften verschieben, verschwinden auch die dazugehörigen Inszenierungen und Symbole. Sie bleiben zwar als Mythen noch in einem Nachbeben erhalten: eine leise Demut ergreift jene, die der Gemeinsamkeit verlustig gehen, weil sie im Verschwinden die Sehnsucht nach Gehabtem erkennen, und besonders schmerzhaft erleben!

Herausforderer-Rituale verschwinden, wenn es nichts mehr herauszufordern gibt oder wenn die Herausforderer zu schwach werden, um sich selbst in Szene zu setzen. Aggressoren-Rituale verwandeln sich in Schutzmythen und sedieren ganze Gesellschaften. Die aggressiven Amerikaner, die die Welt als Markt betrachten und auch so behandeln, marschieren ein und stülpen ihre Rituale über die Gesellschaft, die sich anfangs wehrt und ihre eigenen nicht aufgeben will, aber der normativen Kraft des Faktischen und der Inszenierung der Konsumrituale hoffnungslos unterliegt. Jubel sei Hollywood.

Uns hier in Österreich geht es so ähnlich, wie es Kolonialisierten geht. Europa ist über uns gekommen, wir haben einen Abschied zu bewältigen, der da heißt: Schluß mit dem „Wir wissen zwar alle, daß wir wissen, daß wir noch eine ziemlich rückständige Zivilisation sind – wir tun aber so, als wüßten wir es nicht, und sind dann überrascht, wenn es uns einer sagt“. Wir müssen die Selbsttäuschungen aufgeben und geben sie auch auf. Der Bauskandal ist ein Zeichen dafür, wenn auch die Zeitungen noch immer überrascht schreiben und überraschend schreiben, weil es wohl kaum glaubhaft ist, daß die Medien in einer Republik, in der jeder jeden kennt, nichts davon gewußt hätten, daß Geben und Nahmen zur Balance des Systems gehörte. Was kommt jetzt? Das Euroritual? Der Wendehalsmarsch? Oder steigen wir jetzt ein in ein moderates Kampfritual, in dem wir endlich offen sagen, wir sind wer, wir tun was, wir zeigen uns – wir *ermannen* uns?

Ich weiß, daß die Aussage „ermannen“ politisch nicht ganz korrekt ist; aber im Ritual sind meist Männer am Werke. Denn sie haben die Macht verwaltet und brauchten zur Verwaltung und Erhaltung dieser Macht Spielchen. Todernste Spielchen natürlich. Und diese Spielchen wurden und werden in Rituale eingepackt, um ihren Todernst nicht zu erkennen und sie zu verschleiern.

Verkörpert werden diese Rituale durch Symbole. Symbole unserer nationalen Identität sind Neutralität, der Schilling, das anonyme Sparbuch und das Meldegesetz, das uns sehr viel Seßhaftigkeit aufzwingt. Sie alle sind nicht ganz zufällig gleichzeitig im Verschwinden.

Die Rituale, die heute hierzulande zählen? Ich weiß es nicht! Vielleicht, daß wir alle „Wetten, daß ...“ gesehen haben und uns gemeinsam an den Erfolgen unserer Skiläufer entzünden. Oder daß ein paar von uns in Salzburg oder am Opernball balzen. Alles Balzer?

1.1 Alte Mythen – neue Mythen, neue Riten

Auf ein Neues! Die alten Mythen werden an der Garderobe der Weltgeschichte abgegeben, die Aufführung der neuen kann beginnen!

Das weltweite kapitalistisch stromlinienförmige Denken vereint alle unter den gleichen Mythen und in den gleichen Mythen. Dadurch können sich die Leute aufeinander verlassen und ihre Hierarchien bilden. Unterschiedliche Menschen, die sich vor allem ökonomisch allzusehr voneinander unterscheiden, können diese Mythen zueinander nicht bilden.

Die Kechua mit den englischen Lords, die schwedischen Fußballfans mit den hungernden Kindern in Ruanda, die puritanischen Quäker mit den barocken französischen Gourmands – das geht nicht zusammen.

Daher können sie einander nicht blind vertrauen, weil sie nicht wissen, was der Inhalt ihres Vertrauens dem anderen gegenüber sein könnte. Es ist jeweils ein anderer Inhalt.

Nur Menschen mit gleichen Riten und Mythen können einander vertrauen.

Die neuen Mythen, die globale Gesellschaft und ihre Rituale der Vereinigung und Unterscheidung werden gerade geschrieben. Ein Blick auf dieses Jahrhundert erlaubt den Ausblick ins nächste.

1.2 Rituale – alter Schrott oder Mentaler Ordnungspolizist für die Steuerung der Welt?

Rituale entführen uns von uns weg. Sie führen hinein in das Gemeinsame. Unsere Ritualteilnahme und das Verhalten im Ritual, mögen wir es auch Balzen nennen, ist mehr als nur das Werben um ein anderes Geschlecht. Es ist ein Werben um ein anderes Sein, um eine andere Existenz. Wir werben mit unserer Fähigkeit, so zu sein, wie andere es erwarten. Wir sind Existenzen als Sozialwesen und als Gemeinsames. Weil sich die Welt neu gestaltet und die dörflichen Rituale global geworden sind, da ja auch die Welt ein solch globales Dorf ist, sind die Rituale in den neuen Stämmen des universellen Mittelstandes von essentieller Steuerungsbedeutung. Die Welt könnte nicht funktionieren ohne diese Rituale.

Wären wir sechs Milliarden einander gänzlich Fremde, würden wir vor Fremdenangst umkommen. Wir brauchen das Vertraute jenseits unserer Rationalität liegender Rituale. Margaret Willson sagt, daß Rituale das „Gefühl der Gemeinschaft mit etwas, außerhalb meiner selbst“ geben. Sie lösen auch unser Orientierungsproblem in die Vergangenheit. Sie machen Geschichte zum kollektiven Gedächtnis, festgehalten in Handlungssequenzen. Sie orientieren in die Zukunft. Sie sagen uns, woher wir kommen und wohin wir gehen werden. So sind Rituale kein alter Schrott, der lächerlich und überflüssig ist – wenn ich auch zugebe, daß viele der Rituale absolut irrwitzige Zustände und nicht nur witzige Irrungen eines Zustandes sind. Sie haben eine Aufgabe, die wichtiger ist denn je: Beruhigung in das bedrohte Ich zu bringen.

An anderen Stelle in diesem Buch wird darauf hingewiesen, daß in den dörflichen Ritualen eine Funktion steckt, die den Überblick über den Wertehaushalt der dörflichen Gemeinschaft herstellt. Der Abweichende, Jugendliche, Heranwachsende, der einerseits das „Schaden anrichten"-Ritual als Ventil für seine Unterdrückung unter starren Regeln braucht, beugt sich in den Vereinen den fragmentierten Normen. Diese spannen den Bogen zwischen einem inneren eigenen Ablauf, und dem vorherrschenden Mythos des Dorfes. Die Proben – Feuerwehr, Musik oder Schützen –, die verpflichtend sind, das Besäufnis danach, die Bändigung in exakte Abläufe. Kompositionen, Dirigenten und Kommandeure, sie geben den Takt an. Der Marschrhythmus für die Schützen, der Klang für die Musikanten; sie füllen die Zeit mit Gewißheit. Dem Heranwachsenden wird der Horror vor Nichtgewißheit und damit die Unruhe, die diese erzeugt, ein wenig genommen. Der Rebell wird stillgelegt.

In Samoa gibt es traurigerweise die höchste Selbstmordrate unter Jugendlichen in der Welt. In Samoa ist eine unglaublich strenge, zeremoniell vollkommen überladene Gesellschaft in stabilen Strukturen zementiert. Alles hat seine Bedeutung und nichts geschieht ohne das Wissen um diese Bedeutung. Alle Austauschverfahren in der Gesellschaft sind genau festgelegt. Wer was ist. Wer was tun darf. Zu welcher Zeit, in welchem Alter. Die Jugend darf wenig. Sie hat zu warten. In Unfreiheit. Seit aber Video und Fernsehen auch über Samoa hereingebrochen sind, revoltiert die Jugend und versucht, sich anderen Mythen und anderen Ritualen anzuschließen, als nur der eigenen Stammeskultur und den darin enthaltenen rituellen Äußerungen. Dies setzt sie in Widersprüche mit ihren mächtigen Vorfahren, die im Besitz der materiellen Güter sind. Weil es ohne die Unterstützung jener, deren Unterstützung man aber nicht bekommt, weil man ihre Regeln bricht, keinen geistigen und geografischen Ausweg gibt, begehen viele mit dem alten Ritus unzufriedene Jugendliche Selbstmord.

Es werden laufend neue Rituale hervorgebracht, von den Religionen und Steuerungsagenturen dieser Welt. Sie werden neu zu lernen und zu inkorporieren sein. Die Heilsverkündung durch die Kirche ist der Heilsverkündung durch den Konsum gewichen. Die Kathedralen des Kapitalismus verkaufen Verheißungen einerseits, aber auch Mythen und Tänze andererseits. So verkaufen sie nicht nur die gängige Mode, sie verkaufen auch den gängigen Lebensstil, die Art wie man sich kleidet, die Art wie man ißt, die Art wie man spricht, die Art dessen, was man gesehen hat und worüber Einvernehmen herrscht – eine gleiche Kultur eben. Und in einer gleichen Kultur gelten die gleichen Rituale bzw. schaffen gleiche Rituale eine gleiche Kultur. Wenn die Welt durchsichtig wird und jeder jeden sehen kann, ist es klar, daß das Ritual auch ein Ritual aller sein muß.

Der Kommunismus hat dies sehr genau erkannt, und Internationalismus angestrebt, weil Ritualkonkurrenz Machtkonkurrenz ist. Ritualkonkurrenz ist immer auch eine Herausforderung des eigenen, kulturellen, wirtschaftlichen oder politischen Systems. Nach der Abdankung des Kommunismus hat der Kapitalismus in Form einer gar nicht mehr so moderaten sozialen Marktwirtschaft das Ruder übernommen. Wir haben das auch deutlich gespürt in Lean Management, in riesigen Firmenzusammenlegungen, in wesentlich deutlicheren und härteren Bandagen, die der Kapitalismus dem abgedankten Herausforderer, der Arbeiterklasse, nunmehr zumutete.

Nun schafft der Kapitalismus in Form der Konsumwelt diese weltweite Transparenz unter seinen Jüngern. Nach wie vor gibt es Systeme, die sich nicht anschließen. Die Taliban in Afghanistan. Gaddaffi in Libyen. Aber auch Saddam im Irak. Der Islam ist die Gegenkraft zum Kapitalismus, der die Nacktheit buchstäblich predigt, sowohl körperlich als auch seelisch. Der gläserne Mensch ist ja nicht nur eine Metapher für die Offenheit aller unserer Daten. Er ist auch eine Metapher für sein Aufgehen im Konsumparadies. Er ist sozusagen ein Engel geworden. Jene, die sich diesem neuen Heiligen-Schein im heiligen Schrein nicht anschließen, sind die Höllischen, die Bösen. Und die Bösen, die sagen, daß diejenigen, die sich dem Konsum hingäben, die Teufel wären. So sehen wir, daß der Wettbewerb der Rituale und der Mythen Klarheit in der Welt verschafft – eine neue Klarheit, eine neue Ordnung. Die Amerikaner haben das ja auch deutlich ausgesprochen: „New Worldorder". Aber Order heißt nicht nur Ordnung. Order heißt auch Orden. Die semantische Feinheit des Zusammenhanges zwischen Ordnung und Orden sagt: Der Orden, der auszeichnet und ordnet, weil er den Ausgezeichneten dem Untergeordneten überordnet, zeigt in diesem Sprachstil wie geordnet es in der Welt zugeht, wenn Menschen ihren Mythen und deren Ritualen anhängen. Sie sind nicht nur Stämme – sie sind sogar Orden wie die Freimaurer.

2 Die nationalen politischen Rituale

2.1 *Ritual als Politik – Rituale als Bremsscheiben der Gesellschaft*

Politik ist die Kunst der synchronisierten Verlangsamung der Gruppeninteressen.

In der Politik wird „moderiert" – damit unterschiedliche Interessen ihren Ausgleich finden. Das bedeutet zwangsläufig, daß sich die Schnellen auch ein wenig an die etwas Langsameren halten müssen.

Das Verlangsamen der Politik führt zu einer umfassenden Zwangsbewirtschaftung von Geschwindigkeiten. Diese werden den einzelnen Menschen und Gruppen zugeteilt.

Darum herrscht auch ein ziemliches Geriß um politische Posten, weil man als Schleusenwärter der Geschwindigkeit ein ganz besonderes Machtgefühl auskosten kann – und diese Macht auch jederzeit in prunkvollen Inszenierungen deutlich darstellen darf.

Rituale in der Politik dienen der Verlangsamung und halten den Fortschritt auf.

Zum politischen Ritual gehört es daher auch, die Dinge als schwierig zu verkaufen. Ein Meister, allerdings mit negativen Folgen, war Fred Sinowatz. Wenn er mit Leidensmiene dastand und beteuerte, wie kompliziert alles sei, so war er die Spitze eines Eisberges des Jammerns. Alle Veränderung fordert heraus und tut weh. Das politische Ritual in diesem Lande war nicht auf Veränderung ausgerichtet, sondern auf Bewahrung. Egal, ob es die wertkonservative ÖVP oder die strukturkonservative SPÖ waren – die Erstarrung und die daraus folgenden Rituale waren evident: das Ritual des Verhandelns, das Ritual des Aussitzens bei gleichzeitiger Installation des Mythos vom Gutsein. Wer in Österreich die bestehende Politik zu kritisieren antrat, lief Gefahr, als Nestbeschmutzer dargestellt zu werden. Die heilsame Verbesserung des Bestehenden war im System nicht eingebaut. Durch das Regieren von oben herab statt von unten hinauf haben sich die Institutionen ein bestimmtes Verhalten zugelegt, das Inputs von Nichtangehörigen des Systems verbot.

Der Theaterdonner in den parlamentarischen Sitzungen, die Verbrüderungen im Vor- und im Nachfeld waren und sind inszenierte Ersatzhandlungen für echte Konflikte. Im Vorfeld agierte die Sozialpartnerschaft, die die Voraussetzungen für vollendete Tatsachen schuf. Im Nachhinein lief die fast geheimbündlerisch-rituelle Harmonie-Inszenierung durch gemeinsame Besäufnisse ab. Das Volk, manipuliert zur radikalen Abschottung gegen alles Unerwünschte – insbesondere gegen Neuerungen, Erneuerungen und neue Einflüsse von außen – wurde von der Politik wie der Schwanz eines Hundes nachgewedelt.

Die Politik inszenierte und inszeniert nach wie vor das Spiel. Die Normadressaten sitzen auf der Bühne, klatschen hin und wieder Beifall und murren, wenn ein Paß mißlingt. Die beiden gegnerischen Parteien und der blaue Schiedsrichter liegen in einem ständigen Clinch und tauschen nach dem Match die Leibchen. Dem Schiedsrichter wird die Hand geschüttelt und im übrigen wird er verdammt. Weil man ihn eh nicht braucht. In einem Land, in dem man es sich richten kann, wird man doch keinen Richter brauchen. Auch das ist ein ritueller Bereich – das Informelle „es sich richten können", wenn man nach Wien fährt.

Es gibt auch dort Rituale, wo es keine Normen gibt, die festgeschrieben sind. Unsere Gesetze sind wohl hier, aber im Bedarfsfalle und bei genügend politischem Einfluß, sind sie allemal – zumindest auslegbar. Und im Ritual ist sozusagen die Über- und Unterordnungsmechanik enthalten. Im inneren Ritual zwischen den Parteien gibt es die Simulation der Gleichheit. Auch wenn diese nicht gegeben ist, weil es eine stärkere und eine schwächere Partei oder einen Außenseiter gibt, so wird dennoch so getan, als wäre man als Partei gleich. In den Außenritualen gibt es die strenge Oben-unten-Struktur. Da gibt es die Bittsteller, die die Halsschlagader zum rituellen Biß dem Obertanen feilbieten und die Herrscher, die diese Geste der Untertanen erwarten.

Kommunikation ist Verhaltenssteuerung. Verhaltenssteuerung ist der Versuch Macht zu erlangen. Machtausübung nach Max Weber ist der politikwissenschaftliche Begriff für das Wesen der Politik. Weber sagt, wo „Gruppen versuchen, Macht über andere Gruppen auszuüben“, ist Politik im Gange.

Diese These ist vollkommen identisch mit der Kommunikationstheorie, daß „Kommunikation Verhalten bewirke“. Verhalten bewirken und Macht ausüben sind nun einmal eins. Daher ist das Ritual an sich Politik. Denn es ist ursächlich kein Selbstzweck, es übt deutlich Macht aus. Logischerweise folgt daraus, daß die Politik ein Ritual ist, und als Ritual inszeniert wird. Da sie alle Ingredienzien hat oder braucht, die das Ritual kennzeichnen, beispielsweise einen zugrundeliegenden Mythos – in der Politik sagt man dazu eher Paradigma –, eine große Vision für die Zukunft – in der Mythologie würde man Prophetie oder Prophezeiung sagen –, die großen Symbole, Fahnen, Gewänder und Inszenierungen, ist sie rituell.

Je pheripherer die Inszenierung zur unmittelbar deklarierten Machtausübung – der Politik – steht, desto spielerischer scheint sie uns. Der Sport, die Kultur, die Feste. Je näher wir zur Politik kommen, desto expliziter wird der politische Charakter auch der Rituale, desto deutlicher tritt er zum Vorschein. Weil er zum Vorschein tritt, wird er wieder verschleiert. Die Politiker versuchen ihre Macht zu verschleiern. Sie sagen, daß sie sich nicht in ein Amt drängen, sprechen vom Sachzwang, wenden bedenkenlos eine eigentümliche Sprache an, beugen Regeln, weil sie Regeln sind und nicht weil sie Sinn haben und zelebrieren die Verkündung ihrer Politik nach einem sehr einheitlichen Muster.

Die politische Kommunikation ist das Transportmittel von Machtansprüchen. Politisch ist alles, was öffentlich ist, sich öffentlich äußert und den Zweck der Veränderung hat. Da Kommunikation und Politik gleichermaßen „Veränderung" meinen, sind sie auch nicht trennbar. Es gibt keine Politik ohne Kommunikation. Es gibt keine Kommunikation ohne „Politik". Politik ist die Machtausübung von einzelnen oder Gruppen über andere einzelne oder Gruppen. In dem Augenblick, in dem Kommunikation als „politisch" postuliert ist, ist sie explizit auf Macht und Veränderung ausgerichtet.

Etablierte Politik und traditionelle Kirchenlehren sind die Orte, die heute durch Mißmanagement in Kommunikation sehr starke Verluste in ihren scheinbar unverrückbaren Kernschichten hinnehmen müssen. Eine Stammeskultur ist im Wanken.

Die Kirche oder die etablierte Politik kommunizieren in vielen Fällen nicht richtig. Ja, es scheint, als verletzten sie vorsätzlich das Recht auf Information. Sie verkennen den Ort und die Zeit in der Welt.

Politik und Kirchen transportieren den Grad ihrer organisatorischen Strenge in einer Sprache, die genau Auskunft über den Grad der Strenge gibt. Eine Kaderpartei hat strengere Sprachrituale als eine Bündepartei. Eine dogmatische Kirche kennt sprachlich keinen Spielraum.

Durch die Medien wissen wir, daß es keine „weisen" Politiker gibt. Manche sind genauso korrupt, verletzlich, dumm oder vorsätzlich oberflächlich wie es eben auch Teile der Restbevölkerung sind. Das hat den Glauben in die Politik, die sich nicht transparent macht und als fehlerlos darzustellen versucht, nachhaltig – und vor allem öffentlich – erschüttert.

Möglicherweise ist das facettenreiche Gebäude der elastischen Wahrheiten und Lügen in der Politik dafür verantwortlich, daß der Kodex „Political Correctness" erfunden wurde. Das ist der Abtötungsversuch aller vehementen Opposition. Die aber ist zunehmend lebenswichtig, um zu einem Ausgleich der Kräfte zu kommen. Wir brauchen einen, der über Neger schimpft, damit wir daraus lernen können, es nicht zu tun.

Political Correctness ist eine Erfindung der Marktstrategen der Macht. In der Politischen Correctness ist der Versuch der Stammesdominanz der „Braven" und der Hegemonie der Angepaßten enthalten. Political Correctness will die Heilung durch Opposition verhindern (diese darf und soll ruhig krank sein, damit sie klar macht, was so oder nicht so sein soll) – und schüttet damit sich selber aus, weil es ohne „Gegenpol" ja keine Bildung einer Haltung geben kann. Wer mit der Forderung nach Political Correctness Widerstand zu verhindern sucht, ist „political not correct".

2.2 *Die Sockelrituale der Politik am Beispiel Österreich*

Wie jede Nation fußt Österreich auf einigen Sockelritualen. Diese Sockelrituale werden in der Politik umgesetzt bzw. sind Ergebnis eines politischen Handelns. Unsere Sockelrituale sind spezifischer Natur, aber auch allgemeiner Natur. Die allgemeinen Sockelrituale der Politik in demokratischen Ländern sind die Vereinbarungen, den Verlust der Macht ertragen zu können, die Zwangsgewalt des Staates anzuerkennen, zumindest der Korruption nicht Vorschub zu leisten, Rechtssicherheit für die Mitglieder im großen und ganzen anzubieten und dergleichen.

Aus diesen grundsätzlichen Verhaltensmustern entstehen auch die dazugehörigen Rituale. Das Recht des Menschen auf freie Rede und Meinungsäußerung – festgeschrieben als Recht und zelebriert im Medienritual (aber ausgehebelt durch das „Haltet den Querulanten"-Ritual). Wie wir später in diesem Kapitel sehen werden, hat unsere Politik einen besonderen Hintergrund und eine besondere Gegenwart. Sie ist durch einen Zwang zur Harmonie determiniert. Vieles von dem, was wir tun und lassen, wird nicht klar gesehen, nicht klar bezeichnet, und daher auch nicht klar kritisiert, wenn es zu kritisieren ist. Diese Unklarheit – eine Verschleierung – ist das Merkmal der Politik in Österreich, und daher sind auch die Sockelrituale dieser Politik Beschwichtigung, Harmonie, Zudecken und Verschweigen, und nur eine sehr zögerliche Veränderung, die auf Druck geschieht und nicht aktiv in Angriff genommen wird, geht hierzulande vonstatten.

2.2.1 Woher kommt unser rituelles politisches Verhalten in der Zweiten Republik?

Österreich lebt die stillschweigende Vereinbarung, die Dinge nicht beim Namen zu nennen.

Das führt dazu, daß Unfähige als fähig gelten (müssen), Unehrliche als ehrlich, Ungeeignete als geeignet usw. Die Formalqualifikation triumphiert in vielen Fällen über die Realqualifikation. Der Herr Doktor kann das schon.

So wie der Alkoholiker seinen Zustand umso vehementer leugnet, je mehr Alkoholiker er ist, so geht es auch Österreich. Die Lautstärke, mit der die Wahrheit überschrieen wird, steigt proportional zum Grad der Verlogenheit eines Zustandes. So geben wir uns der Selbsttäuschung hin, nüchtern zu sein, obwohl wir besoffen vor Dummheit sind. In der rabiaten Deklaration allgemeiner Nüchternheit in einem besoffenen Zustand liegt ja etwas Tragisches. Allen anderen ist unser Zustand bewußt und sichtbar, nur wir selbst verschließen davor unsere Augen. So wirken wir in der Welt wie Torkelnde, vermeinen dabei aber, aufrecht zu gehen. Wird von außerhalb Österreichs lautstark die Stimme erhoben, quasi jene eines Psychiatergremiums, das unseren Zustand laut benennt, dringt sie durch unseren kompakten Nebel und unser Immunsystem, aber nur so lange, wie wir brauchen, um ein „Jetzt erst recht“ zu formulieren und die Ohren wieder dicht zu verschließen. Diese allgemeine Verweigerung der Wahrheit führt zur grotesken Situation, daß wir es einerseits wohl wissen und andererseits doch nicht. Die Neutralitätsdebatte ist so ein Beispiel, vor allem aber das Ergebnis derselben, daß trotz längst evidenter Überflüssigkeit der Neutralität noch immer eine riesige Mehrheit der Österreicher an ihr festhält. Das Megasymbol und Hyperritual dieser Republik ist die Neutralität. Ihr staatsbildender Charakter hat sie sakrosankt gemacht. Auf dieser Lüge – die Neutralitätslüge war ja bei genauer Betrachtung immer eine solche – fußt unsere gesamte Republik. (Siehe Waffenlager der Amerikaner in Österreich – der Warschauer Pakt hatte z. B. in Österreich keine.)

Wen wundert es da, daß unsere politischen Rituale nur solche des Bemühens sind. Man bemüht sich, recht zu haben, und man muß sich ja nur dort bemühen, recht zu haben, wo man eben nicht recht hat. So fließt ein großer Teil unserer gesamten nationalen Energie, aber auch aller individuellen Energien immer in die Position des Rechtbehaltenmüssens. Anstatt eine Sache weiterzuentwickeln, verschwenden wir unsere Energien darin, falsche Sachen als richtig darzustellen und aufrechtzuerhalten. Um dies zu können, ohne daß wir daran intellektuell oder geistig verzweifeln müßten, verlangen wir dieses Rechtbehalten auf eine rituelle Ebene. Es gehört zum Ritualrepertoire, recht zu behalten – das Wort „Aufbruch" oder das Wort „Innovation" ist nicht im Ritualrepertoire. Die amerikanischen Rituale sind Rituale des Weitergehens, des Überwindens. Unsere Rituale sind jene des Stillstandes, des Einfrierens eines Augenblicks. Für immer gefroren, verweilt dann dieser Augenblick und wir mit ihm und in ihm.

Gut, man wird einwenden, daß alle staatlichen Rituale Rituale der Bändigung, Bewahrung und potentiell des Stillstandes wären. Das ist nicht ganz richtig. Die kriegerischen Rituale sind das „In-Marsch-Setzen" von etwas. Aber es stimmt gleichzeitig auch, daß die Staatsrituale Sedativrituale sind. Sie beruhigen oder sie lenken ab von etwas. Ein so überflüssiges Investment in überflüssig gewordene Rituale, wie es in Österreich betrieben wird, läßt sich kaum wo anders betrachten oder beobachten – außer bei Stämmen, die auf die Zivilisation prallen und ihr eine Erhöhung ihrer Ritualanstrengungen entgegensetzen.

Österreicher haben die kulturelle Veranlagung zur Langsamkeit und zur Flexibilität. Sie sind eine Nachbesserungsgesellschaft mit dem Nachbesserungsritual. Es gilt nicht, was ganz und gar zu gelten hätte – sondern nur das Zentrum einer Vereinbarung hat jeweils eine gewisse Gültigkeit. Um dieses Zentrum des „Vereinbarten" herum schwebt eine Grauzone von konstantem Verhandlungsspielraum.

Der Ablauf basiert keineswegs auf Zufall oder ist gar ein chaotischer Ablauf. Es geht geordnet zu im Handlungsspielraum rund um einmal getroffene Vereinbarungen.

Der Handlungsspielraum, wie der Name schon sagt, ist ein Raum des Spieles. Ein Spiel hat Regeln, die zwingend zu einem bestimmten Verhalten führen. Innerhalb dieser Regeln wird das Spiel gespielt. Die Mitspieler kennen die Regeln. Wer die Regeln nicht kennt, kann nicht mitspielen und hat auch keinen Spielraum. Es ist eine strategische Tragödie für die Österreicher, daß sie aus dieser Spielkultur aus eigener Kraft nicht herausfinden – aber es ist auch ein strategischer Glücksfall, daß ihnen herausgeholfen wird durch die Annäherung an Europa, dessen erzieherische Kraft vieles an diesen infantilen, juvenilen Zuständen unseres jungen demokratischen Landes verbessern wird.

Zusätzlich ist sicher noch zu bemerken, daß wir auch dazu neigen, uns nicht gerne kritisieren zu lassen. Wenn negative Dinge, also die Wahrheit, zur Sprache gebracht werden, neigt der nachbesserungswütige Homo austriacus dazu, die Dinge als nicht ganz so schlimm bezeichnen zu wollen. „Derf's a bissl weniger negativ sein?" Klar, es ist das Infantile und Kindliche, das hier zum Ausdruck kommt. „Schimpf mich nicht so." „Ich bin eh nicht so schlimm." Diese mangelnde Einsicht bzw. die Hoffnung, daß der Fehler, den man vor sich selbst versteckt, auch für andere unsichtbar wird, ist trügerisch. Das mangelnde Unrechtsbewußtsein führt zu sehr grotesken Situationen: „Is eh nicht so schlimm", „Der oder die sollen sich nicht aufregen". Das geschmälerte Freiheitspotential der anderen wird als selbstverständliche Vorleistung für sozialen Frieden betrachtet.

2.2.2 *Das Neutralitätsritual*

Kurz und schmerzhaft: Wir waren nie neutral!

Wenn auch völkerrechtlich die sogenannte „immerwährende“ Neutralität festgeschrieben und anerkannt worden ist, so hat sich realpolitisch diese Neutralität immer in einer Hinwendung zum Westen selbst ad absurdum geführt. Auch geistiger Militarismus und Wirtschaft ist Krieg. Mit der Marktwirtschaft oder der Form der kapitalistischen Marktwirtschaft und ihrer Überlegenheit hat die westliche Welt schließlich auch den dritten Weltkrieg gewonnen. Dieser war ein Weltkrieg gegen den Kommunismus. Österreich war immer Teil des Blocks des Kapitalismus. So hat Österreich Krieg auf der Seite der Marktwirtschaft gegen die Planwirtschaft geführt. Keine Spur von Neutralität!

Das Neutralitätsritual war somit ein bloßes Binnenritual – im Inneren Österreichs. Das Neutralitätsritual war eines, das unsere Grenzen genau umschrieb und solcherart Österreich zur Marke machen konnte. Eine Insel der Seeligen. Diese Markenbeschreibung, dieser Markenslogan zum Logo Rot-weiß-rot hat unsere Mentalität geprägt. Wir sind neutral. Eine Gesellschaft des Nicht-Einmischens, wenn man uns fragt – aber des ständigen Kommentierens, weil wir eben nicht gefragt werden und neutral sind. Die Kreiskysche Weltpolitik, die notwendig war, um Österreich wirklich zwischen Ost und West zu balancieren und aus seiner Isolation in die moderne, zivile Gesellschaft herauszuführen, ist eine beachtliche politische Leistung. Kreisky hat die dem kommunistischen System nahestehenden revolutionären arabischen Regimes unterstützt und durch seine Anerkennung aufgewertet. Dafür waren die Sowjets, die ansonsten durch die Handhabung unserer Neutralität politisches Sodbrennen bekamen, ein wenig beruhigt. Jemand, der sagt: „Ich bin nicht existent“, dem kann man doch nichts tun!

Gleichzeitig hat Österreich es trotz der Inszenierung seines Neutralitätsrituals zugelassen, daß auf seinem Grund und Boden von der NATO Waffenlager angelegt worden sind. Daß dies ohne Wissen unserer Staatspolizei geschehen wäre, halte ich für ein Gerücht. In einem übereffizienten Polizei- und Bürokratenstaat, wie es Österreich ist, scheint es mir unmöglich, substantielle Handlungen zu vollziehen, ohne daß dies bekannt werden würde. Man kann nicht einfach Löcher in die Landschaft schlagen und Waffen darin vergraben, ohne daß jemand davon Wind bekommt. Und „Wind bekommen" heißt, daß es bestimmte Polizeiorgane dieses Landes erfahren hätten. Für das Neutralitätsritual waren auch immer ein paar besondere Vorkämpfer auserkoren: sozusagen die Messangers der Neutralität wie Heinz Fischer und einige anderen Sozialdemokraten und ein paar, die die Neutralität pragmatischer als obsolet betrachteten, wie Mitglieder der ÖVP.

So konnte die Neutralität pragmatisch ein wenig in eine Parteilichkeit verschoben werden, bei gleichzeitiger Beibehaltung ihres Mythos. Der Mythos der Unverletzbarkeit unseres Landes fußte auf dem Neutralitätsmythos. Diese Unverletzbarkeit hat zu einer Geborgenheitsanmutung für unser Land geführt. Die Bürger unseres Landes fühlten sich wohl, solange sie im Land waren. Im Ausland waren sie niemand, denn fast niemand kannte Österreich. Und wenn wir Deutsch sprachen, wurden wir für Deutsche gehalten. Ein schmerzhafter Prozeß, den wir immer wieder erfahren haben, und immer wieder mußten wir uns herausreden und sagen, daß wir nicht Australier und schon gar nicht Deutsche, aber auch nicht Schweizer wären, sondern Österreicher. Auch die oft notwendige Erklärung, daß Österreich nicht kommunistisch sei, gehörte zu den riesigen Nebenwirkungen unseres Neutralitätsrituals. Man konnte in den Zeiten des kalten Krieges nicht nicht sein. Nicht so und nicht so. Nur im Inland fiel das niemandem auf, denn wir waren neutral. Die Menschen kamen zu uns auf Besuch. Das Land war durch die Sozialpartnerschaft befriedet und die Österreicher hatten im Sport- und im Fußballritual ihre psychohygienischen Kläranlagen, die die Aggression verdauten und ausschieden.

Zum Neutralitätsritual gehört ja auch dessen ständige Wiederholung am 1. Mai und am 26. Oktober. Besonders der 26. Oktober zeigte uns immer wieder die vorauseilende, leicht infantile Unterwürfigkeitshaltung – das nationale Anbieten der Halsschlagader (daher wird es auch in den Substrukturen zwischen Bürokratie und Klienten gefordert). Die Halsschlagader wurde den vier Siegermächten dargeboten. Österreich wurde besonders infantilisiert, damit die Schuldlosigkeit des per se schuldlosen Kindes zu einer Beschwichtigung führen könnte – und schließlich zur Unterschrift unter dem Staatsvertrag. Kein Mensch hätte eine „immerwährende" Neutralität gefordert, sondern lediglich die Neutralität per se. Das „immerwährend" war eine Fleißaufgabe, die uns jetzt ein wenig Kopfzerbrechen macht – aber nicht mehr lange.

Der politische Vorteil einer Neutralität ist ein eher innenpolitischer. So ist dieses Ritual auch ein rein österreichisches Ritual. Denn niemand versteht unsere immerwährende Neutralität. Manchmal auch wir selber nicht.

2.2.3 Das Sozialpartnerritual

„Die Sozialpartner sind die Arschbacken der Republik. Dazwischen ist es finster." (Turrini)

Zum politischen Ritual gehört die große Fehlertoleranz. Das heißt, die Normenstrenge wird immer wieder um des Friedens und der Harmonie willen und der „Moch ma 's halt trotzdem"-Ideologie unterlaufen. Das ist das Schlampige des Österreichers schlechthin, weil es sich auch als mentales Muster in unser aller Köpfe niedergeschlagen hat. So sind wir halt. Da kann man nichts machen. Das geht ja eh.

Ein solches Ritual, ein sehr nützliches und nutzenstiftendes für Österreich, war und ist das Sozialpartnerritual. Es hat heute an Bedeutung verloren, weil die Steuerungsprobleme für beide Teile größer geworden sind: Der Staat kann nicht einmal mehr in seiner staatlichen Wirtschaft durchgreifen, denn Unternehmer kommen aus dem Ausland zurück und pfeifen auf unsere Beschwichtigungsideologie. Gewerkschaften verlieren an Einfluß, weil aus Arbeitnehmern selbständige kleine Unternehmer werden. So ist das Sozialpartnerritual heute nicht mehr das, was es einmal war. Zu Zeiten der Monumente Benya und Sallinger hatte die Sozialpartnerschaft funktioniert.

Früher kam die massivste Kritik an der Sozialpartnerschaft aus der ganz linken Ecke, heute aus der ziemlich rechten. Ich werfe meinen Handschuh aus der in diesem Falle „exzentrischen Mitte".

Die folgende Geschichte ist eine, die zeigt, daß der Mensch eine unglaubliche Fähigkeit hat: den Ort, an dem er seßhaft ist, gut finden zu wollen.

In Diktaturen ist diese Sache klar. Da kommt Propaganda über die Menschen und verklärt den Mangel zum Überfluß. Von Nordkorea bis Serbien, von Teheran bis Asuncion. In der Demokratie – auch in jener mit Mängeln aber ohne Mangel – wird der Konsens durch Manipulation erzeugt. Alle sind im high im Konsumrausch und voll happy, solange sie gut „drauf" sind.

Was geht aber in der Sozialpartnerschaft vor? Gegründet in Armut, als System, das massive antidemokratische Züge trägt und gleichzeitig Hoffnungen weckt, geheime Sprachen und Zeichen hat und mit Strafandrohung ungestüme Freiheitstendenzen unterbindet?

Die Sozialpartnerschaft hat den Menschen vorgeschrieben, was sie zu essen hatten, welches Telefon man besitzen, wieviel man reisen und welche Medien man empfangen durfte. Sie war ein starkes Unterdrückungsinstrument von unliebsamen, unnötigen Tendenzen politischer, gesellschaftlicher oder kultureller Natur – und das Vermeidungsinstrument politischer Entwicklung, politischer Konfrontation. Sie war ein ziemliches soziokulturelles Desaster.

Die Sozialpartnerschaft wurde selbst zur kompakten, eindimensionalen Staatskultur. In ihr war das Machtzentrum.

Man mag einwenden, daß jede werdende und juvenile Demokratie sich nun einmal mit Zwängen herumschlagen müsse. Das sei fast ein Naturgesetz. Da müsse ein neues Land heutzutage eben durch. Richtig.

Die beiden allgewaltigen Godfathers waren Benya und Sallinger. Mitgliedsbeiträge, Eintritts- und die „Wohlwollensgelder", die in Form von versteckten Zuwendungen eingehoben wurden, sind in Lauschgift angelegt worden: Die beiden wußten, was die Republik denkt, was sie vorhaben soll, was die Bürger wollen sollen und was sie müssen müssen.

Im Stil des aufgeklärten Despotismus wurde den Armen gegeben und den Reichen trotzdem nichts genommen, da die motivierten Armen wie die Wahnsinnigen an „Mehrwertschöpfung" arbeiteten. Viele Unternehmen waren sozialpartnerschaftlich geschützt. Sie konnten in ihren Gebiete gestalten und walten und überdies für ihre Produkte, auch wenn diese auch nicht besonders toll waren, tolle, gesicherte, festgeschriebene Preise erlösen. Im Ausland hat unsere Nationalökonomie auch unter aufgeklärten und volkswirtschaftlich geschulten Menschen öfters die Frage aufgeworfen: "Is Austria a communistic country?"

Nur wirklich Untragbare wurden endgültig aus dem System entfernt. Das dargebrachte Opfer wurde in der überdimensionalen politischen Waschanlage als öffentliches Reinigungsritual zelebriert. Dieser nahezu religiöse Teil war das bissl Opium fürs Volk, das es brauchte, um sich einlullen und in Bravheit versklaven zu lassen.

Das Lob galt immer der österreichischen Streikstatistik, an der exakt ablesbar war, wie sich Arbeit und Realkapital fusionierten.

Die unwahrscheinliche Ruhe, auf die wir leider so stolz sind, ist bei weitem nicht so gut, wie wir glauben. Einer Gesellschaft, der rituell verordnet die notwendigen Konflikte abhanden kommen, der schlafen einige der notwendigen Reflexe ein. Zum Beispiel der Reflex, auf Neues reaktionsschnell antworten zu können. Wenn durch „soziale Angebote, die man nicht ablehnen kann“ aller Konflikt von zwei Godfathers weggeschmirgelt wird, entsteht eine vorauseilende Gehorsamkeit. Wer beißt schon die Hand, die einen füttert? Da ist Österreich wirklich auf den Hund gekommen.

Lehrer karrier(t)en sich nach oben nur mit Parteibuch. Wohnungen öffne(te)n sich nur dann günstig, wenn man zur Partei gehört(e).

Keine Förderungen für Außenseiter. Für Ausländer kaum.

„Es“ sich richten war die Ankündigung, zu einem der Interessensmitglieder zu gehen, die „weiter oben“ intervenieren konnten. Wer es sich nicht richten konnte, dem mangelte es wohl an der oft zitierten „richtigen Protektion“ – eben am Schutz.

„Ich fahr nach Wien, um es mir zu richten“, zeigt, daß der Kniefall, der Obolus und auch der devote Handkuß extrem wichtige Spielzüge im Ritualwerk waren – und, wie ich immer wieder betonen muß, sind. „Es sich richten“ kann man ja nur beim Schutzherren.

„Wir wern kan Richter brauchen“, sagt auch einiges über die Kultur der außergerichtlichen Konfliktaustragung aus.

Gleichzeitig war es aber immer obszön, Partei- oder Lagerzugehörigkeit öffentlich kundzutun.

Autofahrerclubs mit Lagerzuordnung. Sportclubs in Apartheidmanier. Rot oder Schwarz. Direktorenposten in Schulen wurden nach Farbe und keineswegs nach Pädagogikkompetenz oder Führungsqualität besetzt.

Wenn jemand ein Amt oder eine Funktion anstrebte, lautete die Frage nicht einmal mehr: „Bist du überhaupt Mitglied?“ – weil das eh klar war –, sondern vielmehr „Ist des oana von de Unsrigen?“ oder „Wer von uns kennt den?“ Solcherart war auch das Bürgewesen sehr ausgeprägt. Wer keinen Bürgen hatte (der ihn einführte), brauchte sehr viel Energie oder politisches Geschick, um Erfolg zu haben. Schnelle Karrieren gingen nur in den Organisationen. Oder im Exil, wo sich beispielsweise ein Frank Stronach den ganzen Unfug ersparte, den seine Dreistigkeit, vom Lehrling zum Magnaten werden zu wollen, hierzulande hervorgerufen hätte. Der vermeintliche Wahnsinn mit Anlauf wäre unter einem wütenden, bis sarkastischen „Is dea deppat? Dea is deppat!“ erstickt worden.

Wer sich nicht in der Struktur entwickelte, verkümmerte außerhalb. Ausnahmen gab es wenige.

Die Staatswirtschaft wurde und wird lückenlos von der Sozialpartnerschaft kontrolliert und alle, die davon abhängen, taten und tun gut daran, sich merkwürdigen Ausschreibungsregeln, Kick-back-Vereinbarungen, kleinen Zuwendungsritualen (von Reiseeinladungen bis Inseratenschaltungen in Organisationsblättern) und dergleichen mehr zu beugen.

Dabei passierten manchmal ziemlich peinliche Pannen und neuerdings gibt es doch sowas wie eine Zäsur: Absprachen werden aufgedeckt. Alle tun erstaunt, obwohl es alle wissen. Auch das gehört zum Ritual.

Die Korruptionsskandale bei den größten Bauvorhaben der Republik haben Tradition, die Bankenskandale der 60er Jahre scheinen sich zu wiederholen. Denken Sie an Aufdeckungen und rabiate Zudeckungsversuche, an illegale Waffenexporte, und an die Ausreise von Carlos, die nur in einem Staat, in dem praktisch eine Diktatur des Konsensualen herrschte, möglich war.

Das Festhalten an realer Beweislastumkehr machte es einzelnen nahezu unmöglich, das System herauszufordern.

Wer jeweils das Recht zu Reden und die Pflicht zu schweigen hatte, lag im Ermessen der Sozialpartner.

Die Folge war der Rückzug in das Raunzen. Das ist das folgenlose Maulen mit dem wehleidigen Oberton der Untertanen – und das Anerkennen der Ohnmacht.

Besonders gut sieht man die proporzliche Struktur im größten Medium des Landes. Auch heute noch. Und weil das so ist, darf sie auch täglich ihren ruhiggestellten Beglückten sagen, was sie von ihnen hält: „Dumm du du-du dumm-dumm du.“ Mit diesem eindeutigen Jingle wird die Werbung im Fernsehen täglich eingeleitet.

Wenn die Österreicher nicht so verschreckt wären, müßten sie sich schon längst dagegen gewehrt haben.

Wenn es niemanden gibt, an den man sich im Falle eines Konflikts wenden kann (weil es eben keinen Konflikt zu geben hat), dann liegen die Nerven blank. Und wenn die blank liegen, erschallt der Ruf nach „Heil"ung.

Es gibt noch immer die Berufsverbote: die Gewerbeberechtigungsentzüge (Dokumente vorhanden): Die Knüppel sausen auf kleine Unternehmer herunter (eine rund um die Uhr geöffnete Bäckerei im 20. Bezirk war solange der Watschenbaum der Bürokratie, bis sie in Konkurs ging).

Jetzt gibt das geblendete Volk auch auf Druck unserer zivilisierteren und demokratischeren Nachbarn den Archetyp der österreichischen Sozialpartnerschaft auf: das anonyme Sparbuch – auf dem bequem die schwarzen Gelder geparkt und je nach Bedarf behoben werden konnten.

Ins Vertuschen von Einkommen und Besitz wird hierzulande übrigens eine überdimensional hohe Energie investiert. Ebenso in die Verhinderung des anderen, statt in die Gestaltung des eigenen Lebensplanes.

Haider prangert das als systematische Vernichtung von privaten und öffentlichen Ressourcen und Gemeingütern an. Die von der Selbstherrlichkeit und therapeutischen Ignoranz der Strukturen angefressenen Bürger nehmen die gewachsene Hinwegsetzung über alle Rechtsvereinbarungen nicht mehr hin. Ein Rechtsruck ist die Folge.

Haider sagte in „Zur Sache" am 20. 10. 96 etwas Elektrisierendes. „Die Arbeiterkammer und die Wirtschaftskammer haben jahrelang die Bauarbeiterurlaubskasse, die erhebliche Überschüsse durch die von den Arbeitern eingezahlten Beträge aufwies, geplündert und die Gelder an *Organisationen* (!) verteilt. Die Gelder wären aber widmungsgemäß an die Bauarbeiter als Urlaubszuschüsse auszuzahlen gewesen."

Damit hat Haider für mich gesagt: „Die Sozialpartnerschaft war (ist) eine Einrichtung, die sich über gesetzliche Aufträge oder zumindest Verträge hinwegsetzt." Haider wurde von den beiden obengenannten Institutionen geklagt und – hat recht behalten.

(Es macht mich nicht glücklich, mich von Haider und seiner Politik vertreten zu wissen.)

Daher sind die Sozialpartnerstrukturen und vor allem deren Folgen abzuschaffen: die Beharrungsrhetorik auf die Neutralität; die anonymen Sparbücher; das Einkommenstabu, das Solidarität unterbunden hat; die Seßhaftigkeitsverpflichtungen, auferlegt durch extreme Meldegesetze und Finanzierungskonstrukte für Wohnraum; die Lagerbildung und Zugehörigkeitsrituale; die Bildungs- und Neugierfeindlichkeit.

Wir leben in einer spannenden Zeit, in der sich immer weniger Bürger die Zeit und die Welt von Obrigkeiten erklären und bestimmen lassen wollen.

Die Sozialpartnerschaft vertritt nicht mehr „unsere Sache".

Der Mythos muß neu geschrieben werden. Wir sind frei und haben keine Angst, es zu sein. Daher ist auch das Ritual des alten Mythos zu entmachten.

2.2.4 Das Oppositionsritual

In unserem Lande hat sich ein Wandel vollzogen. Vor zwanzig Jahren gab es eine Opposition und ein Oppositiönchen. Dieses Oppositiönchen wurde dann zum Koalitiönchen-Partner erhoben. Die Sozialpartnerschaft sorgte für seine Ruhigstellung. Erst eine große Bürgeropposition hat die politischen Verhältnisse in diesem Lande geändert. Die Bürgerinitiativen, insbesondere jene der Zwentendorfgegner, haben eine nachhaltige Veränderung der politischen Landschaft nach sich gezogen und weitere Oppositionsparteien auf den Plan gerufen. Das hat dazu geführt, daß die große Oppositionspartei in den Jahren der sozialistischen Alleinregierung – die ÖVP – zum Koalitionspartner wurde. In der Koalition wurde die Unmöglichkeit der Quadratur des Kreises offensichtlich. Die österreichische Volkspartei verlor massiv an Stimmen, denn sie war der Sündenbock für die Unfähigkeit des Systems, sich zu verändern und zu öffnen.

Wie schon in den Sozialpartnerritualen angeschnitten, bedurfte es einer rabiaten Oppositionspartei, die im Sinne der pubertierenden, rüpelhaften Kinder – weit abseits jeder politischen Correctness (diese ist ja eingefordert von Mehrheiten, um Minderheiten still zu halten!) –, den Finger auf manche Wunden dieser Gesellschaft legte. Nicht in der richtigen Tonart, nicht im richtigen Tonfall und nicht in der richtigen Wortwahl. Aber, der Sache nach, oft richtig. Als Autor möchte ich richtig stellen, daß ich Haider weder wähle, noch seiner Partei angehöre und auch nicht mit ihm sympathisiere. Aber es muß ähnlich wie in der Kunstkritik möglich sein, ein beschissenes Gemälde auch als ein beschissenes Gemälde zu bezeichnen, ohne gleich des Faschismus oder der Ignoranz geziehen zu werden.

Haiders FPÖ hat das mürrische Potential dieser Republik, die zu kurz Gekommenen und die von der Politik nicht an der Macht Beteiligten, mobilisiert. Er hat sie nicht etwa mobilisiert, weil sie zu kurz gekommen sind und von der Politik nicht an der Macht beteiligt werden, sondern weil die Aussichtslosigkeit, von der Politik an der Macht beteiligt zu werden, und zwar über die bestehenden Parteien, so evident war. Die Betonierung der Institutionen, die Blindheit der Systeme – nämlich anzuerkennen, daß eine Öffnung und Verbreiterung der Basis für alle mehr bringt – hat zu einer Rabiatisierung der politischen Landschaft geführt und das Oppositionsritual auf eine neue Stufe gestellt. Hätten die etablierten Parteien und Institutionen erkannt, daß Beteiligung auch Belebung bedeutet – ähnlich wie im Entstehen von „Lebendigkeitszentren“, Urlaubsinseln oder Bermudadreiecken (die ja auf der Tatsache basieren, daß mehr Leute mehr Leute anziehen, daß sich mehr tut und dies für alle mehr bringt) – dann hätte die Politik sich aus ihrer monomanischen Rolle zu lösen vermocht. Sie hätte jene Reformen, die längst überfällig waren, und jene Modifikation im System durchgeführt, die Haider absolut verhindert hätten. So ist Haider der von den großen Parteien geschaffene Beelzebub, der radikal auf die Pauke haut und mit medialer Unterstützung seine Wirkungsamplitude einmal hoch, einmal weniger hoch entwickeln kann.

Zum Oppositionsritual gehört auch die Instrumentalisierung Haiders durch Teile der Presse. Diese schicken Haider als lautstarken (G-)Eiferer auf der Seite 1 nach vorne, um den großen Parteien („Altparteien") die Leviten zu lesen, und nehmen ihn wieder an die kurze Leine, wenn Haider vorübergehend wieder nützliche Unruhe gestiftet und somit – für bestimmte Medienleute – seine Schuldigkeit getan hat. Die kleinen Oppositionsparteien sind zu schwach, um einen rituellen Rhythmus erzeugen zu können. So bleibt das Oppositionsritual derzeit auf Haider beschränkt, der die in jedem Ritual befindlichen leisen Ermüdungserscheinungen durch die gleichbleibende, letztendliche Wirkungslosigkeit seines Rituals am eigenen Leib erfahren muß. Er wirkt ein wenig ausgebrannt und ausgelaugt von seinem ständigen Versuch, irgendeine selbstgelegte Latte zu überspringen und dann jedesmal, aus Eigenfehlern heraus, stolpernd zu scheitern.

So gehört auch zum Ritual des Oppositionellen in Österreich, daß es nicht gelingt, zumindest nicht so gelingt, daß es als Ritual unmittelbare Wirkung hätte, sondern erst in einer langen Zeitverzögerung auf einem Nebenschauplatz.

2.2.5 *Das Entmachtungs- und Initiationsritual der Jugend oder Der Staat als Geiselnehmer*

Jedes Jahr wiederholt sich einige Male das Drama der Freiheitsberaubung in einem juvenilen Teil unserer Bevölkerung. Genauer gesagt: in der männlichen Bevölkerung. 18jährige sind die gefährdete Spezies. Der Staat zieht Soldaten ein. Das geschieht nicht einfach so: weder das Einziehen noch die Feststellung der Befähigung zu kriegerischer Energie, noch die Einweihung in diesen Ort, der dem Krieg geweiht ist. Das Militär ist eine Kirche der Gewalt und daher sind ihre Gottesdienste, die Märsche und Kriegsspiele, destruktiv.

Man nennt diese destruktive Agressivität natürlich Landesverteidigung und nicht Landesangriff.

Bis zum Beweis des Gegenteils behaupte ich, daß dieses „Einziehen" der männlichen Jugendlichen in einem definierten Alter nicht nur zur Entlastung des Arbeitsmarktes erfunden wurde, sondern ein mythologischer Vorgang im Staat ist, der seine „Verteidiger" (Soldatenameisen) rekrutiert und auf ihn einschwört.

Eingeschworen wird die besonders unruhige und beunruhigte Gruppe, eben die der unterprivilegierten Jugendlichen, aus dem unteren Mittelstand und dem Proletariat.

Das unruhige Potential der möglichen jugendlichen Herausforderer, die um ihren Anteil in diesem Staate vielleicht unter anderen Umständen kämpfen würden, wird für ein Jahr ruhig gestellt und auf diesen Staat eingeschworen. Und zwar im Gleichschritt.

2.2.6 Die Beschwichtigungs- und Untersuchungsausschußrituale oder Das Bürger-zu-Staat-Ritual

Das Bürger-zu-Staat-Ritual ist ein Gehorsamkeitsritual. Der Bürger gehorcht dem Staat und ist diesem gegenüber in der Bittsteller-Rolle. Beherrscht er die Rolle (zu einem Ritual gehört das Verständnis der jeweiligen Rolle in der rituellen Gruppe), wird der Bürger/die Bürgerin erhört. Dann wird das Ritual zum Triumphator über die gesetzliche Norm. Ein Schüler, der seine Schule nicht besteht und dessen Vater zur Behörde bitten kommt, mag gute Aussicht auf Nachsicht haben. Ein Gewerbetreibender, der genügend Demut beweist, kann damit rechnen, daß manche seiner Mängel, die im Gesetz als No-go-items für eine Konzession festgeschrieben sind, nachgesehen werden.

Weil wir in einem Land der verordneten Harmonie lebten – ein an sich schon ärgerlicher Zustand – mußte der Ärger, das Unebene nicht nur im Alltag, wo er sich als Raunzen Luft verschaffte, sondern auch auf der politischen Ebene hin und wieder irgendwo ein Ventil finden. Weil aus dieser Harmonie eine massive Aggression entsteht, gibt es eine Abweichung – und Aufweichung der „rechtmäßigen" Abläufe.

Die Überschreitung des Zugestandenen bereichert einzelne – aber oft auch die Institution hinter dem einzelnen. So wird ein Bauskandal nicht den Herrn Beamten allein bereichern, sondern möglicherweise auch seine Behörde. Und der Chef der Baufirma, dessen oberster Brotherr die der Republik gehörende Bank oder eine Gemeinde ist, bereichert sich *und* seinen Dienstherren.

So nützt der „Korrupte" oder der „Normabweicher" wohl sich, aber nur, indem er seinen Herren nützt.

Um die manchmal zu dreisten, zu tolpatschigen oder zu ignoranten Abläufe einer sehr mächtigen Struktur unter Kontrolle halten zu können, gibt es das Untersuchungsausschußritual.

Eine unvollkommene Demokratie (und das ist sie überall und immer) produziert zwingend Abweichung, Korruption, Betrügereien und Rechtsbruch. Das Ausmaß – so sagen die Demokratietheoretiker – bestimmt den Reifegrad der Demokratie und der Gesellschaft. Demnach liegen wir hier in Österreich in den Windeln.

Nach den Definitionen der Demokratie ist Demokratie etwas, das Bürger mehr oder weniger an der Macht beteiligt, unterschiedlichen Gruppen das Recht und die Möglichkeit auf Durchsetzung ihrer Wünsche gibt und Korruption auf ein erträgliches Maß senkt. Die Qualität der Demokratie ist in diesem deskriptiven Schema festgemacht. Je weniger Korruption es gibt, je mehr Bürgermitsprache, desto höher ist das Entwicklungsniveau der Demokratie. In Österreich haben wir hier schon einige Defizite, die erschreckend sind. Das Holz, aus dem die Demokratie hierzulande geschnitzt ist, hat wirklich einige Würmer und einige besonders geile Spechte, die erbarmungslos hineinhacken in den Stamm. Von Zeit zu Zeit wehrt sich nun die Demokratie bzw. wehren sich die Äste und Blätter, die kleinen Verzweigungen.

Dann gibt es einen Rülpser in den Medien, ein erstauntes Aufschreiben (!) in den Medien – wenn irgendwo der Druck im Faß zu groß wird, und diesem der Boden hinausbricht oder es zum Überlaufen gebracht wird. Dann gibt es das Ritual des Empörtseins, ein vorgetäuschtes Erschrecken. Dann folgt der Ruf der Politik nach einem Untersuchungsausschuß, um nicht selbst reaktionsschnell ein Urteil fällen zu müssen, das dann wieder auf den Prüfstand käme, sondern um Zeit zu gewinnen. Dieses Zeitgewinnungsritual im Aufdeckungsprozeß hat natürlich jenen Hintergedanken, daß die Zeit ein therapeutischer Akt sei, der einiges zum Schweigen brächte, noch bevor es ausgesprochen werden könnte. Der Untersuchungsausschuß tritt sozusagen als sedativer Zirkel in Erscheinung, um die öffentliche Meinung zu beruhigen. So kehrt keine Gruppe unmittelbar vor ihrer eigenen Tür. Geschweige denn ihre Funktionäre oder Mitglieder. Sie lassen bei einer Unstimmigkeit einen Ausschuß produzieren. Und die Rechnung geht auf. Je länger der Untersuchungsausschuß irgend etwas untersucht, desto schläfriger werden die Beobachter.

Das ist das Wesen eines Rituals, daß die Teilnehmer aufgrund der Redundanz des Rituals müde werden. Ständige Wiederholung schläfert eben ein. Und damit hat das Ritual der Untersuchungsausschüsse und der Aufdeckungseilfertigkeit, bei gleichzeitiger Verzögerung, seine Wirkung und seinen Zweck erfüllt. Es ist ein Verdeckungsritual, das sogar seine eigene Ursache zu verdecken im Stande ist. Am Schluß weiß keiner mehr, worum es eigentlich gegangen ist und die Sache schläft ein.

2.2.6.1 Das Querulantenritual

Wo Bürokraten von Privaten herausgefordert werden, legen sie Wert auf eine Nichtamtssprache. Der Private (Nichtamtliche) hat sich gefälligst der Bürokratensprache zu enthalten. Die Amtssprache kennt ja keine Demut. Demut wird aber vom Bittsteller eingefordert. Wehe, dieser vergißt, was „Konjunktiv“ heißt: „Konjunk-tief bücken.“

„Könnte ich bitte schön ...“ oder bei einer Beschwerde, z. B. über die mangelnde Sorgfalt: „Ist möglicherweise festzustellen, daß unter Umständen die Sorgfalt ein wenig vernachlässigt wurde?“

Das nennt man dreifach Wattebausch und Vorsicht.

Ich habe mich einmal erdreistet, einen Mißstand in einem halbamtlichen Gebäude – in der Wirtschaftsbürokratie Österreichs, im WIFI – beim Namen zu nennen, worauf jene, die ich damit aufscheuchte, sofort zum allereinfachsten und probatesten Gegenmittel gegriffen haben: „Wer ist denn der Querulant, der uns da so anpinkelt ... Wie hat er denn des g'mant, is der deppert ...?“

Ich habe die Bürokratie herausgefordert mit dem unerhörten Anspruch: „Handle jetzt, denn der Zustand ist nicht ‚manchmal‘, sondern ‚immer‘, und nicht ‚etwas‘, sondern ‚total‘ untragbar.“

Das tut ein Untertan nicht, und tut er es, wird er postwendend gefragt, ob er irr geworden sei, sich einer solch fordernden Sprache zu bedienen.

Es stimmt, man muß oft ein wenig wahnsinnig sein, um sich überhaupt auf Kontroversen mit der Bürokratie oder gar der Politik als einzelner einzulassen.

Mein Rat an mich lautet ja ohnedies: „Laß es. Oder warte, bis einige Verbündete gemeinsam mit Dir ein so großes Hindernis sind, daß es die Bürokratie nicht ignorieren kann – und handeln muß.“

Es ist wirklich naiv, anzunehmen, daß die Bürokratie menschengerecht agiert – sie agiert nach dem Gesetz der Institutionen, wonach diese in erster Linie ihren unmittelbaren Erhalt im Auge haben.

Wehe, ein Mensch erinnert einen Repräsentanten einer Institution, daß er die Quelle des Geschäftes dieser Institution ist. Wutschäumend wird der Vertreter der Institution feststellen, daß es die Institution schon lange vorher gab und auch nach ihm geben würde... lange, nachdem der aufmüpfige Kritiker sich aus dem irdischen Staub gemacht haben werde.

Hingegen wird Ihnen Gnade zuteil, wenn Sie von vornherein ankündigen, daß Ihre Kritik beileibe keine Kritik, sondern nur eine „Idee" sein soll, wie man etwas „vielleicht" noch „ein bisserl" „effizienter" machen „könnte".

Mit einer solchen Sprache wird sich in zukünftigen Herausforderungen kein Staat mehr machen lassen. Wörtlich gemeint.

2.3 Die Bekleidungsrituale der Politik

Zur Bekleidung des Politikers gehört sein primäres Hautkleid. Der Politiker ist am Körper blaß, am Kopf jedoch braun. Auch wenn es nicht seine politische Farbe ist. Der bürgerliche Politiker trägt sein Haar mittellang und versucht die zunehmende Schütterheit durch die Länge zu kaschieren. Dies führt zu einem sehr strähnigen, auf den Kopf aufgesetzten, toupetähnlichen Frisurkomplex.

Der grüne Politiker läßt seinem Haar freie Bahn. Entweder schneidet er es kurz oder er läßt es in kleinen Wellen oder in langen, ungeordneten Locken nach unten fallen. Somit äußert der grüne Politiker die Nachfahrenschaft zur Gruppe der gesellschaftlichen Herausforderer, der Studentenrevoltierer oder gar der Punks, die die letzte große Gruppe waren, die die bürgerliche Gesellschaft, den Kapitalismus und seine Träger herausfordern wollten.

Die Sozialdemokraten der Mitte haben ein seltsames Frisurenritual. Sie sind in der Regel zurückgekämmt mit offener Stirne. Sie bieten sozusagen der politischen Arena die Stirne, oder aber äußern ihre mittige Ansiedelung durch einen Mittelscheitel (Klima). Die Sozialdemokraten haben in der Regel ein dichteres Haarkleid, egal ob Heinz Fischer, Bruno Aigner oder auch Viktor Klima und Kaspar Einem, dessen Frisur übrigens noch ein rituelles Statement zum Widerständigen ist (sie könnte auch eine Grünfrisur sein). Sie haben auch die Frisuren der „leiwanden Burschen". Die Frauen in der Sozialdemokratie haben keine hochgestylten Frisuren, sondern pendeln zwischen Hausmütterchen und aufmüpfiger, aber doch angepaßter studentischer Frisur und Schminktechnik.

Die Kleidung jedoch gehört bei allen politischen Gruppen unter der Rubrik „rituelles Klonen des Stammes der politischen Menschen" abgehandelt. Es beginnt bei den handgemachten, mit einem Maßleisten hergestellten Schuhen, geht – mit geringen Abweichungen wiederum im grünen und im neoliberalen Bereich – über eine klassische graugetönte bis blau und in anderen Dunkeltönen gehaltene Hose, zu der auch ein entsprechendes Sakko (Anzug entweder zwei- oder dreiteilig) gehört.

Dunkel ist Macht, dunkel in ziviler Form ist sogar Macht über die Camouflage-orientierte Uniform. (Das Militär bzw. die Polizei, die unmittelbar ordnend tätig ist wie die Cobragruppe, tragen schwarze Ameisenanzüge und sehen in ihren Bewegungen auch aus wie Ameisensoldaten: behende, unberechenbar, zackig.) Die Politik aber schwingt sich Kraft ihrer zivilen Uniformität über die militante Uniformität auf.

Es ist notwendig, daß die Politiker mehr oder weniger gruppenkonform Bekleidungssignale absondern. Ihr Fell weist sie als Machtträger aus: Das originale Fell (= Frisur) und das Kleiderfell.

Wesentlichster Punkt der Bekleidung in der maskulinen Politikerherde ist die Krawatte, die mehr oder weniger das Bijoux des Geheimbundes der Politiker ist. Anhand der Krawatte (bzw. des Mascherls) wird die Zugehörigkeit zum Stamm der Politiker dokumentiert. Ausnahmen gibt es wiederum nur im Grünbereich (Rollkragenpullover) und im blauen Bereich (Halstuch). Der Schal als besonderes Zeichen von Macht, die Schärpe der Kraft und der Herausforderer, ist im blauen Bereich sowohl ein Zeichen als auch eine Anmaßung. Die Schärpe des Haider ist nichts anderes als die vorweggenommene Zeichensetzung einer angestrebten Machtfülle. Die großen Tiere tragen große Zeichen.

Wenn nun die Grünen staatstragend werden – also als politische Gruppe relevant –, ändern sie ihre Kleidungsgewohnheiten und werden vom Herausforderer – der sie jetzt sind – mit struppigen Haaren und Durchbrechung der politischen, rituellen Kleiderordnung zu angepaßten Politikbürgern. Siehe Joschka Fischer in Deutschland. Aus dem Turnschuh hinein in den Maßschuh. Aus der Cordhose in die Lordhose.

2.4 Die rituelle Sprache der Politik

Der Umriß der gewünschten Befehlsgewalt der politischen Sprache wird immer in der Sprache mitgeliefert. Wir (die Gruppe, die Sozialisten, die ÖVP, die Gewerkschafter) möchten (Absichtserklärung), daß sie (Wähler, Adressat) im Gegensatz zu der Absicht der anderen (politischer Gegner) glücklich sind (Ergebnis). Daher ist es notwendig (normative Einschränkungskommunikation), daß sie dieses oder jenes tun (Verhaltensnorm beim Adressaten). Dieses Schema läßt sich in allen Äußerungen politischer Natur, die aus Institutionen, Parteien oder der Bürokratie kommen, feststellen.

„Die appellierende Sprache liegt offenkundig dann vor, wenn bestimmte Adressatengruppen zu politischer Unterstützung aufgerufen werden." (nach Edelmann) Dieser Aufruf erfolgt in einem sehr starren Sprachstil und in einer sehr starren Syntax, weil eben die Inhalte immer wieder fluktuieren. Sie sind nicht eindeutig. Die großen Worte in der appellierenden Sprache, wie Welt, Schmerz, Demokratie stellen das Grundgerüst dieser Semantik dar. Der Stil stiftet wohl semantische Verwirrung einerseits, ordnet aber in Richtung Zukunft. Der Bürger wird zu einem politischen

Einsatz aufgerufen (Appell). Die Form der Beteuerung zieht auch eine ganz bestimmte Körpersprache nach sich. Das leichte Nicken und Wippen mit dem Oberkörper, das Hochreißen des Kopfes mit gleichzeitiger Wölbung der Brust in dem Augenblick, in dem ein Versprechen abgesondert wird, das Zusammenfallen und Einknicken, wenn es um die Verkündigung eines Verzichts oder einer Einschränkung geht, das weite Ausladen des rechten oder linken Armes, wenn es gegen die anderen geht, all das sind die – im Sprachritual der politischen Rede – feststellbaren, nonverbalen Äußerungen, die die verbalen Äußerungen in gleicher Weise unterstützen.

Die politische Rede am Parlamentspult findet bei allen Rednern, egal ob grün, blau, rot oder schwarz, aber auch geschlechtsunabhängig bei den Damen oder Herren in gleicher Form statt. Der Körper unterstützt in gleicher Form die gleiche Sprache. Das rituelle Appellieren, das rituelle Herabmindern der anderen, das rituelle Verkünden von Einschränkungen und Belohnungen, all dies zieht auch ganz analoge Körperbewegungen nach sich. Diese Gefühlsentladungen bei politischen Appellen sind ebenfalls an der Tagesordnung. Hitler als Quotenredner hat dies besonders gut gekonnt. Er hat die Gefühlsentladung sogar kalkuliert. Mit stillem Beginn und polternden, hustenden, keuchenden, exzessiven Stakkato, wenn es gegen die anderen ging und für den zukünftigen Verzicht – aber auch die in weiter tausendjährigen Ferne liegende, glorreiche Belohnung. Die krasse Emotionalität von Mussolini oder Hitler – heute lächerlich wirkend – ist nichts anderes, als was wir heute bei einem reduzierteren Klima oder Einem sehen, was uns vielleicht auch in einiger Zeit lächerlich erscheinen mag: Das Pathos der rituellen Kommunikation, das ornatreiche Aufplustern wird immer weniger. Kirche und Politik werden schlanker. Die Ornate werden weniger. Es wird auch im Ritual zunehmend Lean-Management betrieben.

So ist es auch heute eher der Fall, daß emotionale Ausbrüche nicht als Ausbrüche einer individuellen Befindlichkeit eines Politikers im Sprachtheater von statten gehen, sondern unter dem Deckmantel rationaler Argumente dargebracht werden. Die Ausdeutung verschiedener Begriffe, das Zitieren anderer Instanzen (Meinungsumfragen, Experten, Untersuchungskommissionen) gibt der Emotionalität den sachlichen Anstrich und macht sie so besonders verführerisch. Gleichzeitig versucht die Emotionalität, auch in ihrer Begründung, das Erreichen mehrerer Ziele darzustellen. Das ist das Wesen der rituellen politischen Kommunikation, daß sie nicht nur einen Vorteil, sondern mehrere Vorteile auf der eigenen Seite und mehrere Nachteile auf der anderen Seite konstruiert.

2.4.1 Das Jargonritual (Sprachrituale)

Edelmann schreibt, daß das Verhältnis der Informationsmenge zur Anzahl der Wörter sehr niedrig sei. Der Jargon ist im wesentlichen aus der ritualisierten Beschwörung von Werten, Überzeugungen und Regeln gebaut. Und diese Regeln sind ja ohnedies akzeptiert und etabliert. Er ist eine Wiederholungsmethode, die Zustände stabilisiert. Es geht in diesem Jargon nicht um Lösungen – das wäre die Innovation –, sondern um Strukturzementierungen. Menschen ahnen, daß diese Stereotypen eine Art Einschwörung auf Konformität sind. Die eigene Rolle innerhalb des Rituals ist jene des Normadressaten: des Empfängers, des Gehorsamen. Die Erwartung an die Führung, diesen Gehorsam durch eine gebetsmühlenartige Wiederholung von ritualsprachlichen Merkmalen zu festigen, ist groß.

Daher hat die Bürokratie mit der Produktion ihres Unifizierungs- und Beruhigungsslangs nicht nur die Selbstbehauptung und Selbsterhaltung im Sinne, sondern auch die Behauptung und Erhaltung des Systems. Chomsky spricht von Oberflächen- und Tiefenstrukturen in der Grammatik. Diese Oberflächen- und Metastrukturen unterscheiden sich voneinander und haben doch miteinander zu tun. Die Übermittlung der Botschaft auf der Ebene der Oberflächenstruktur ist die Übermittlung der Botschaft. Aber die Übermittlung ein und derselben Bedeutung auf der Ebene der Tiefenstruktur ergibt auf der Tiefenstruktur eine Vielzahl von Deutungen.

2.5 *Die juristische Sprache*

Die juristische Sprache ist eine besondere. Sie verschlüsselt die Botschaft, codiert sie in die Sprache der Juristen und macht sie so für die Allgemeinheit unverständlich – liefert aber auch gleichzeitig ihr Erklärungsmuster für Unverständlichkeit: das Komplexe außerhalb und die Notwendigkeit dieses Komplexen zu vereinfachen. So vermittelt der Politiker in der Juristensprache die Komplexität und Schwierigkeit eines Zusammenhanges oder eines Sachverhaltes und Zustandes, und verspricht am Ende seiner rituellen Rede in aller Deutlichkeit, eine einfache aktionsbezogene Handlung, das heißt eine Handlung, die dieses Komplexe auf einen einfachen Nenner bringt.

Die Syntax der juristischen Sprache besteht aus Vorschriften und Definitionen. Die Eindeutigkeit der juristischen Sprache ist ja nicht gegeben. Im Fall eines Konfliktes kann sie beliebig ausgedeutet werden, was sich darin äußert, daß ein und derselbe Sachverhalt von einem Ankläger anders als von einem Verteidiger, unter Berufung auf genau die gleichen Paragraphen, ausgedeutet wird. Die juristische Sprache ist ein ritueller Wall, der die verwalteten und regierten Menschen von den Regierenden trennt. Sie ist jene Sprache, die das Establishment eines Staates oder der Welt ihren Systemsoldaten zugesteht, damit diese den Ameisenhaufen zusammenhalten können. Die Juristen als normgebende Kaste werden unterstützt von den Normumsetzern, die ebenfalls – um die Sprache verstehen zu können – hauptsächlich aus dem juristischen Bereich kommen: den Bürokraten. Bürokraten können die administrativen Regelungen, die aus der Juristensprache kommen, nur umsetzen, wenn sie die Juristensprache verstehen und selbst anwenden können.

2.6 *Bürokratenjargon*

Die Bürokraten versuchen sich über „angeschaffte Erlässe" die Sicherheit für ihre Handlungen zu erwirken. Sie werden nicht tätig, wenn sie nicht einen Auftrag haben. So ist in der Bürokratensprache auch jedesmal rituell zementiert, daß „auf Weisung ..." gehandelt werde. Denn ohne Weisung kann das Ritual der Bürokraten nicht durchgeführt werden. Es gibt die große generelle Weisung, dann gibt es die kleinen Anweisungen – aber in beiden Fällen, und das ist das erstaunliche, beruft sich der Bürokrat bei nahezu jeder Handlung, die er durchführt, auf die entsprechende Anordnung, also Weisung. Es gibt die Tendenz, das „Zugewiesene" ständig zu betonen. Das ist die Stammesregel, die auch Stammespriester beherzigen müssen. Auch sie müssen sagen: „Kraft meines Amtes und der mir zugewiesenen Rolle führe ich diese oder jene rituelle Handlung durch."

Das Rollenverständnis der Bürokratie ist ein gespaltenes. Auf der einen Seite ist die Bürokratie Befehlsempfänger durch die Politik und die daraus erwachsene juristische Normenwelt, andererseits ist die Bürokratie die Fesselungsagentur für die Bürger, die diesen die Normen nicht nur vermittelt, sondern auch aufzwingt, und zwar in einer sich verselbständigenden Form, die nicht immer auf wirkliche Normen gestützt ist, sondern nur mehr auf die Aussage, „daß man sich auf eine Norm stütze".

Daher gibt es auch eine Sprache, in der die Bürokratie und die Juristen einen Katalysator darstellen bzw. den Fluß der Sprache zum Stillstand bringen und neu weiterfließen lassen. Diese Schleusenwärter im sprachlichen Ablauf nennt man Verhandlungen. Die Verhandlung bringt das Argument einer Seite zum Stillstand, läßt es in einer Mitte ruhen und bringt das andere Argument an diese Mitte heran. Die Verhandlungssprache ist jene Sprache, die sich einen freien Raum in sich selber schafft. Sie setzt den Wunsch um, zu „veranlassen" in einer juristisch formulierten und bürokratisch strukturierten Semantik und Syntax. Sie versucht aus der dialektischen Behandlung der These und Antithese in der Öffentlichkeit als Echo jene Synthese zu erzeugen, die als neue Aussage – allerdings wieder in bürokratisch-juristischer Sprache – gleichsam als Rückübersetzung vom Profanen ins Bürokratisch-Sakrale zurückfließt.

Das Urteil eines Gerichtes etwa ist so unverständlich wie der Input des Staatsanwaltes oder des Rechtsanwaltes. Die Aussagen müssen dem Normadressaten oder Urteilsempfänger übersetzt und dessen Aussagen wieder rückübersetzt werden in das rituelle Gebalze der juristischen Kontrahenten.

Dies ist eine starre, schematische Handlung, ein Zeichen, daß der Bürger unter der Zwangsgewalt von etwas Höherem steht, als er es selbst zu begreifen und auszudeuten vermag. Daher unterwerfen wir uns auch dem Recht, weil wir es nicht verstehen. Dies ist System und Ritual!

2.7 Die roten Rituale

Die Roten sind strukturkonservativ, nicht wertkonservativ. Um dynamisch vorwärts schreiten zu können, brauchten die Roten eine starre und starke Struktur. Einen Apparat. Eine militärische Organisation. Zentralistisch gelenkt. Dies ist das Wesen der Politik einer Veränderungspartei, die Bestehendes aushebeln möchte. Sie braucht militärische Ordnung und Disziplin. Und sie braucht Kreativität in den Waffensystemen. Neue Strategien müssen ständig entwickelt werden, das fördert die Intelligenz, aber auch die dialektische Herausforderung. Dinge müssen neu bewertet, neu betrachtet und aus These und Antithese zu einer neuen Synthese geführt werden. Hier genügt es nicht, zu sagen, das war immer schon so und das machen wir jetzt so. Das Wesen der Funktion der Sozialdemokratie oder der Sozialisten oder der Roten war immer eine Veränderung. Veränderung heißt aber, Bestehendes in Frage zu stellen und weniger autoritär gegenüber bestehenden Institutionen, Menschen und Kulturbildern zu agieren.

So ist in den roten Körpersprachen ein wesentlich höherer kinetischer Anteil zu beobachten. Die in Marsch gesetzten Massen zeigen Kraft und Bewegungsenergie. Sie müssen flink im Denken und Handeln sein. Sie müssen den Schlägen der anderen ausweichen können, indem sie sie vorausahnen. Daher ist auch die sozialistische Politik wesentlich effizienter geworden – auch im europäischen Maßstab –, nicht nur weil sie die Mehrheiten, wie die Arbeiterklasse, zu schützen vorgibt , sondern weil sie nach wie vor als binnenkulturelles Erbe ihre Beweglichkeit hat, ihre streitbare kriegerische Kultur. Das heißt auf der einen Seite starke Uniformierung – die Bekleidung ist wesentlich homogener als jene in der ÖVP – und gleichzeitig eine Entfesselung vor übergeordneten, konkurrenzierenden Dogmen wie zum Beispiel dem Katholizismus.

Sozialisten – die Roten also – finden sich weniger in kommunalen Vereinen zusammen, sondern versuchen über nationale Vereine eine militante Organisation für ihre Gedanken zu formen. Beispiel: die roten Falken. Das *ist* schon ein Angriff. Das ist ein Zeichen. Das ist Bestandteil eines Rituals und das Ritual heißt im Gegensatz zu den Schwarzen nicht „Bewahrung“, sondern ganz eindeutig und klar deklariert „Angriff“. Auch die Wortwahl der Sozialdemokraten war nicht „Heimat“, „Scholle“ und „Erdverbundenheit“, sondern „vorwärts“, „Zukunft“. Wer so denkt, redet und handelt, hat auch ein Ritualrepertoire, das in diese Welt paßt. Die Aufmärsche: das waren nicht Zusammenkünfte in einem Wirtshaus, wie es die Schwarzen machen (in Messehallen, Wirtshäusern oder Viehversteigerungshallen), sondern auf der Straße. Der 1. Mai findet auf der Straße statt. Dieses Körperritual der Sozialdemokraten ist eindeutig in seiner Zeichensetzung. Wer die Straße hat, der hat die Macht.

So ist das Rote eine ständige Herausforderung, und weil die Welt heute eine Herausforderung ist, wenden sich auch die Menschen wieder diesem Herausforderer zu, der die Herausforderungen annimmt. Das Fehlkalkül der Schwarzen, daß Menschen verunsichert wären, weil sich die Welt so schnell bewegt und sich daher den Konservativen anschlössen, ist fundamental. Wer stehenbleibt in einer bewegten Welt kann nicht attraktiv sein, ist kein wählbarer Partner. Leben ist Entwicklung und daher ist die Körpersprache der dynamischeren Roten dem „Geht net, is net, wolln ma net“, den rhetorischen und körperlichen Sprachritualen der Schwarzen, überlegen.

2.8 *Die schwarzen Rituale*

Die Körpersprache dieser politischen Gruppe ist eine besonders interessante. Ihre föderalistische, fraktionale Markenstruktur steht sowohl für Arbeitgeber als auch Arbeitnehmer. Sie steht für Landwirte, aber auch industrielle Technokraten und hat unmittelbare Folge auch für die Körpersprache der Schwarzen. Sie ist nicht so eindeutig, und bis auf das verbindende Element des Katholizismus, das zu einem Standardgrüßungsatz führt: „Grüß Gott“, ist dieser Gruppe wenig Homogenität anzumerken. Die ÖVP – also die Schwarzen – haben nicht nur eine Unzahl von Suborganisationen in ihrer Partei – den Bauernbund, den Seniorenbund, den Wirtschaftsbund, den Arbeiter- und Angestelltenbund und die junge ÖVP –, sie haben auch noch die neun Länder. Das heißt, sie greifen von der Stadt und vom städtischen Milieu einer Wiener Partei über in die extrem ländlich orientierte Partei eines Erwin Pröll.

Die wertkonservative Haltung der ÖVP äußert sich auch in ihren Sprachritualen. Hier wird wenig bemerkt von intellektuell-kulturellem Aufbruch. Jene, die es trotzdem gewagt haben, intellektuell, kulturell und in der ÖVP zu sein, haben teuer bezahlt, wie etwa Erhard Busek. Wertkonservativ zu sein, verträgt sich mit Kultur und kulturellen Herausforderungen nicht, denn das Wesen der Kultur ist es, den Dingen in der Welt ein Wesentliches hinzuzufügen. Wertkonservative Menschen wollen nicht, daß Wesentliches hinzugefügt wird, sondern daß nichts hinweggenommen wird. Daher ist die schwarze Ritualkiste vollgefüllt mit Bewahrungsinsignien. Angefangen von haltbarer konservativer Kleidung aus dem ländlichen Raum (Loden), Förderung und Erhaltung der Natur (Alpenverein), Volkstanzgruppen. Nicht zu vergessen sind die meisten ländlichen Gemeinden, die von schwarzen Politikern bestimmt sind, die in Eintracht mit den Menschen in der schwarzen Kutte – der Priesterschaft – die Beruhigungs- und Beschwichtigungsgeschäfte in den einzelnen kleinen Gemeinden leiten.

Das Bedächtigungsritual der Wertkonservativen führt auch zu einer langsameren Sprache und letztlich über die langsame Sprache zu einem langsameren Denken. Das ist extrem provokativ, aber die Inferoritätsgefühle, die Konservative beschleicht, wenn sie mit einem urbanen, geschliffenen Geist der Roten zusammenprallen, der ihnen rhetorisch weit überlegen ist und sie in die Seile drängt, läßt sich nicht leugnen. Das „Aufreiben und Niederhauen" ist Teil dieses wertkonservativen Rituals. In ihm ist noch sehr viel „Niederschlags"-Mentalität enthalten. Das Niederschlagen von neuen Gedanken, das Niederschlagen von neuen Verhaltensweisen und neuen Kulturen, aber vor allem das Niederschlagen von neuen Herausforderungen durch gottlose Menschen.

So ist die schwarze Körpersprache und die schwarze Sprache durchsetzt von Verweigerungen und vom Zugeknöpftsein. Unter den Schwarzen tragen mehr Männer Hüte als unter den Roten. Unter den Schwarzen tragen mehr Frauen Dirndl als unter den Roten. Das Zugeknöpftsein mit den vielen kleinen Knöpfen auf Joppen und Westen, das Kettentragen (Uhrkette), das Verschleiern der Gesichter durch Bärte (später übrigens von den sich vermummenden Herausforderern der Ultralinken nachgemacht!) sind Zeichen eines Versteckens und Bewahrens. Der Körper wird nicht so sehr gestaltet wie bei den Roten, denn Körpergestaltung hieße ja auch Weltgestaltung und die Schwarzen sind nicht für eine Weltgestaltung, sondern für eine Beibehaltung der Welt.

Die Marke der Schwarzen ist eine bewahrende Marke. Eine eindeutige Care-Marke. Daher tun sich die Schwarzen ja auch so schwer, weil sie auf der einen Seite den Aufbruch, die Industrielle Revolution, vor allem aber die mentale Revolution in der Industrie und Informationsgesellschaft managen sollten, und andererseits noch immer von agrarischen Strukturen zumindest im Denken beherrscht werden. Das Erdgebundene, die Scholle. Law and Order. Unterordnung. Gehorsam: das sind die Qualitäten der Schwarzen.

2.9 *Parteiprogramme oder Die politische Kommunikation als erwartete Heilsbotschaft*

Sicherheit ist nicht nur eine Frage der Fakten, sondern auch des Gefühls. Sicherheit ist der Programmkern der politischen Botschaften. Der Verkünder der Sicherheit ist ein Angehöriger eines mächtigen Stammes, ein Generalmusikmeister des gesellschaftlichen Klangkörpers. Hier läßt sich eine Saite zum Klingen bringen, die die Nachfrage nach diesem Produkt trotz dessen Langeweile oder Redundanz ständig steigert, sodaß die Einschränkung der Freiheit des einzelnen akzeptiert wird. Dieses Produkt der Demokratie der „absoluten Geschwindigkeit“ (Virilio) verknüpft zwei entgegengesetzte Enden der unvollkommenen menschlichen Existenz miteinander: Freiheit und Sicherheit. Die Sicherheit triumphiert über die Freiheit und läßt programmatisch aber die Freiheit weiter als politischen Wert bestehen und verkünden.

Der Stamm der Programmierer des Politischen ist ein Stamm über den Stämmen.

Wie in jeder Soziologie der Institutionen nachzulesen, verselbständigen sich die Institutionen, lösen sich von ihren Schöpfern und betreiben nicht mehr publikumsorientiertes, sondern selbstorientiertes Marketing zum Machterhalt der Struktur.

Wir sind der „Institution“ Demokratie ausgeliefert. Wir können gar nicht anders, als ihr zuzustimmen. Dort wo Demokratie ist, fällt uns das „Nein“ schwer. Daraus lernen wir, daß ein definierter Ort existiert, an dem der definierte Stamm der Politiker über ein Programm ein definiertes Kommunikationsverhalten – jenes der prinzipiellen Zustimmung – erzwingt. Man stellt sich nicht gegen die Demokratie, weil man sich nicht dagegen zu stellen hat, schließlich ist sie die beste aller möglichen Organisationsformen für soziale Aggregate. Weil wir das Gefühl haben, in ihr wenigstens einigermaßen aufgehoben zu sein, filtern wir die Ablehnung weg und haben Probleme mit der fundierten und sachlichen Verweigerungskommunikation. Unter dem Titel der Gerechtigkeit werden viele Ungerechtigkeiten deshalb hingenommen, weil der Ort „Demokratie“ heißt und nicht „Diktatur“.

Das Informationsmarketing in der Demokratie erfolgt über konforme Medien der Gesellschaftsbesitzer und ist allen anderen systemüberlegen, weil sie die großen massenhaften Einheiten der Gedanken und *damit die große Einheit schlechthin* erzeugt: den Metastamm der heiligen Helden der Gesellschaft. Diese Union der „Freiheitslüge“ ist im

Programm der Politik der Demokratien festgeschrieben. Deshalb kann das Programm „Freiheit“ auch die Illusion der Freiheit so einhellig erzielen. Es herrscht darüber kein allgemeiner Nachgedanke mehr, ob es zur Demokratie nicht doch auch noch die Alternative der radikalen Anarchie geben könnte. Dieser Gedanke bereitet Ihnen Unbehagen? Das ist das Verdienst des gelungenen Verkaufs des Grundgedankens der Demokratie, der davon ausgeht, daß einander ungleiche Kräfte in einem ständigen politischen Prozeß nach Ausgleich streben. Im Kern gerecht – aber vor allem ohne Alternative.

Das politische Programm der Zukunft wird programmatisch weniger Programm festschreiben und mehr Eigeninitiative. Es wird den rabiaten Perfektionsdrang der Demokratie in die Schranken weisen und wieder ein „Fehlersystem“ sein. Huxley hat recht, wenn er schreibt, daß der Anspruch der Perfektion eines Systems dessen immanenten Terror erzeugt. Die politische Correctness ist ein Signal in dieser Richtung – es muß ernstgenommen werden.

2.10 Sitzungsverläufe und Protokolle

Ein Parlamentsprotokoll des Stammes der Abgeordneten ist ein wunderbares Beispiel für ein Spiel mit gezinkten Karten. Die „getürkte“ freie Sprache dieses „geschützten Kleinstammes“ ist eine rituell inszenierte freie Sprache, die vom Blatt gelesen wird. Sie ist ein „freireden“ von Nervosität und manifestiert sich in Protokollen als Dokument einer Unterschlagung. Die „Spreche“ ist nur zum Teil als Protokollinhalt festgehalten. Denn Versprecher, die durchaus Aussage sind, werden nicht protokolliert. In der Sitzung werden nicht alle Äußerungen festgehalten. Das Protokoll ist eine kommunikative (Ver-)Fälschung. Es kürzt und interpretiert. Es ist die verbale Dokumentation, bei der der Dokumentator oder Protokollist oder die Dokumentarin bereits ihre eigene, wenn auch meist unbewußte, aber durch ihren kulturbedingten Filter gesiebte Selektion trifft. Auch die offene Manipulation ist historisch: „Streichen Sie den letzten Satz aus dem Protokoll."

So werden die Perspektiven verschoben. Was ist wirklich gesagt worden, welche Aussage, welche Bedeutung ist weggefiltert? Was weiß man dann noch vom Ganzen, wenn das Ganze bereits ein Teilwerk ist? Zugegeben ein ziemlich vollständiges Teilwerk, aber durch das Nichtwissen vom Ausmaß und der Beschaffenheit des Fehlenden ist ein Wissen des Ganzen und vom Ganzen in zuverlässiger, authentischer Form nicht mehr möglich. Wenn wir in unserer Alltagsarbeit mit Protokollen arbeiten, müssen wir uns im klaren darüber sein, daß unsere Protokolle bei zwei Schriftführern der jeweils unterschiedlichen Fraktion auch ganz andere Inhalte und Merkmale aufweisen würden.

Kernbereiche und „Sachfixierungen" wie digital bestimmbare Meßgrößen (Gewichte, Zahlen etc.) werden gut und gleich festgehalten sein – jedoch werden Prozeduren und Abläufe, deren Tempo nicht definiert ist, deren Weg nicht beschrieben ist, oft völlig unterschiedlich in den jeweiligen Protokollen unterschiedlicher Protokollführer festgehalten sein. Da wird es Protokolle geben, in denen das eine oder andere gar nicht vorkommt, im anderen Protokoll wird minutiös beschrieben sein, in welchem Tempo sich was zu bewegen hat, im dritten Protokoll wird das Ideelle und Philosophische im Vordergrund stehen. Die Interessenslage der jeweiligen Gruppe ist das additive Steuerungselement für die Inhalte. Der „Ort" der Gruppe übt einen Einfluß auf den Inhalt aus.

„Falsch verstanden", „falsch interpretiert", „ falsch wahrgenommen", heißt es oft. So redet man sich gern auf die Empfangsvorgänge bei den Protokollanten aus. Aber die eigene Gruppe merkt, daß ihr Protokollant „eigentlich ganz richtig" alles wiederholt und festgehalten hat, während die anderen „gefälscht" oder verändert hätten.

Die Partei A und die Partei B können dabei noch auf einer Sachebene der Politik miteinander kompatibel sein – jedoch werden Shrimpszüchter und Raketenbauer bei einer gemeinsamen Ökologiesitzung erhebliche Protokolldifferenzen produzieren.

2.11 Die Vereinigungs- und Unifizierungsrituale

Gibt es Regeln jenseits von Machtausübung? Ja, ein Regulatorium, das die Machtausübung beschneidet. Kann dieses Regulatorium der Sozialismus sein? Die Inszenierung des Willens aller? Das Ritual des Bändigens des ungehemmten Kapitalismus in einen Gehorsam gegenüber der Mehrheit – und somit zelebriert als Umkehrritual, in dem die wenigen Reichen mitsamt ihrem Vermögen in der Masse aufgehen? Oder ist der Sozialismus nichts anderes als die Herrschaft der Idioten? Jener, die nicht tüchtig genug sind, jene zu werden, die sie immer schon werden wollten, aber nicht können, weil sie es eben nicht können und daher jene, die es könnten, daran hindern wollen? Ist die Kirche zum Beispiel nicht schon längst von ein paar beherzten Menschen dazu aufzufordern, abzutreten? Nachhaltig und wirksam, oder muß man es tolerieren, daß sie ihre Rituale als Machtdemonstration noch immer über das Land stülpen? Wenn um 6 Uhr morgens Kirchenglocken läuten, so ist dies schon ein sehr starkes Zeichen und sein sehr starkes Ritual, das Bürger in der Umgebung einer Kirche unter die akustische Knute zwingt und zeigt, wo Gott wohnt. Die Kirche sagt, das sei kultureller Bestand und kulturelles Recht. Es ist vielmehr längst schon zur kulturellen Nötigung geworden und einige Tiroler Gemeinden haben auf den Druck der Touristen, deren intensivste Schlafstunde der Morgen ist, begonnen, darauf zu verzichten, die Kirchenglocken läuten zu lassen. Die akustische Enteignung für einen Teil der Tageszeit ist eine an sich schon sehr bedenkliche politische Aktion. Daher ist der Lärm auch zunehmend geregelt, weil er zunehmend zu einer Plage wird. Die Kirche als Machtort hält sich aus der Reglementierung noch heraus und beruft sich auf ihre Traditionen und auf einen Mehrheitswillen, der längst keiner mehr ist, sondern nur mehr ein behaupteter. Eine fiktionale statt einer realen Mehrheit.

Eine interessante Frage in den politischen Ritualikas ist auch die Frage des Giftzahnes. Ist ein Oppositioneller in der Opposition stärker als in einer Minderheitenrolle in einer Koalition? Die Antwort scheint klar zu sein, ist es aber nicht. Ich glaube, daß eine oppositionelle Rolle in einer definierten Opposition wesentlich besser funktioniert, da Beschwichtigungen und Zugeständnisse an den Störenfried gemacht werden, dessen Störenfriedrolle innerhalb einer Koalition nicht so ausgefüllt werden kann, daß Störenfriedcharakteristik entstehen könnte.

Die Vereinigungsrituale geben Normen vor und zwingen Menschen in ein Verhalten, das man normalerweise nicht lebt. Die Zwangs- und Unifizierungsrituale führen oft zur inneren Emigration. Man geht noch in die Kirche, aber es ist einem egal. Man gehört noch einem Lager an, aber es bedeutet nichts.

2.12 Politisches Marketing

Im Political Marketing sehen wir den Wandel der Politik und der Machtkommunikation. Politik muß sich, um sich in ihren Zielen und Absichten in der Demokratie durchsetzen zu können, zunehmend verkaufen. Das bedeutet, daß Marken- und „Firmenpflege“ im politischen Bereich der Machtapparate und Machtprodukte als aktives Verkaufsinstrument eingesetzt werden muß. Nicht die Macht selber ist ein Produkt, sondern die Kommunikation dieser Macht, wie wir es schon an Richelieus Beispiel (er reiste noch todkrank durch Frankreich, um zu kommunizieren: „Ich bin da, ich bin daher mächtig") erkannt haben. Es geht um die Effizienz der „Verteilung" von Machtansprüchen.

Der Gewinn von Machtlegitimation durch die Wähler ist das Ziel im „Verkaufswettbewerb".

Dazu braucht die Politik neben den Massenmedien und den „Markenbildern für ihre Produkte" auch ein neues Marketing. Sie muß direkt zu neuen unendlich verschiedenen „Wählerstämmen" verschiedene Kommunikationsstränge und Verbindungen aufbauen können muß. Gleichzeitig. Manchmal im gleichen Raum.

Das Informationsmanagement der Politik (auch jener Politik, die in Unternehmen betrieben wird) muß die Vision erdenken, die Vision beschreiben, die Vision verkaufen und die Vision umsetzen können. Das ist die „lernende" Organisation, wie sie heute gefordert und herausgefordert ist.

So kann und muß die Politik das Loslösen ihrer Wähler aus einem Raum akzeptieren.

Das Tatoo, die Marke oder die Markierung machen den einzelnen in seiner Umgebung zum Unverwechselbaren. Er unterscheidet sich als Individuum. Als Individualsymbol trägt er eine Marke oder eine Geisteshaltung, die ihn unterscheidet, aber dennoch mit seinen Gleichen in „aller Welt" verbindet. Individuell in der primären Gruppe, sozial in der Welt – das ist das neue Paradigma des Sozialen. Die Parteien machen den Fehler, „ihren Stammwähler" an einem wirklichen Ort zu suchen – dort finden sie aber nur mehr viele einzelne und keine Gruppe. Die Politik muß wohl oder übel ihre Klienten auch im virtuellen Raum suchen: geeint durch ein Medium, das ihre jeweilige Zielgruppe konsumiert und das die Zielgruppe auch durch die medienerzeugten Gemeinsamkeitssymbole verbunden hat.

Der Konsummensch darf und soll nach den Wünschen der Politik sehr wohl das Wirtschaftssystem zu höchster Flexibilität herausfordern, aber nicht das politische. Jedem sein

T-Shirt: ja – aber für jeden das segmentierte politische Interessenmarketing: nein.

Kein anderes System produziert soviel Überfluß wie das der Marktwirtschaft, und gleichzeitig ein so bohrendes, allgemeines, ständiges Mangelgefühl – einen Hunger nach Waren, Leistungen und Abwechslungen, der kraft individueller Leistung gestillt werden kann. Jeder darf konsumieren, jeder wird gefragt. Hier ist die Demokratie eingebaut. Jeder wirkt mit, indem mit dem Kaufakt auch andere Antworten als nur jene des „Kaufs" gegeben werden: z. B. jene, daß im Falle eines wiederholten Kaufaktes dokumentiert wird, daß die Aussagen einerseits und die daraufhin getroffene Kaufentscheidung andererseits richtig waren. Es ist eine Antwort im Marktresearch. Dieses ständige Fragen der Warendemokratie hat zu offenen Informationskanälen geführt. Bürger können mitreden. Das wiederum führt zur weitverbreiteten und berechtigten Annahme, daß Meinung und Mitsprache in allen Bereichen der Gesellschaft gefragt sind.

Der Konsum sagt im Prinzip „Alles für alle". Politik regelt. Sie projiziert die Regeln in die Zukunft. Daher muß sie auch die Informationen in irgendeiner Weise bewirtschaften: am liebsten tut demokratische Politik dies mit Slogans, die das Mitdenken ausschließen.

Im Extrem hat der nicht ganz so demokratische Sozialismus den realen Mangel zum virtuellen Überfluß hochpropagiert. Der Sozialismus war die Religion der Wunschlosigkeit, der Konsumismus ist die Religion der offenen Wünsche. Er erzeugt im wirklichen Überflußgeschehen Mangelgefühle. Du hast noch nicht … Du brauchst … Leer und ausgebrannt? Aufladen leicht gemacht! … Fernweh – Das hast du dir verdient … Kopfweh –

Der schnelle Modenwandel hat auch im Hauptstamm der Politik Fuß gefaßt. Das kann nicht ohne Hilfsinstrumente wie Kommunikation in werblicher Form gemanagt werden. Das An-, Um- und Abgewöhnen von Interessen geht nur (mehr) mit Kommunikation. Mit einer Kommunikation, die Bedürfnisse weckt – und Befriedigung verspricht. Mit Werbung eben. Kommunikation verändert Verhalten. Politik auch. Im Feedback bedingt Verhalten Kommunikation und auch Politik. Das Tragen eines einzigen politischen Outfits geht immer weniger. Selbst in China ist man vom alldurchdringenden Blauzeug abgekommen und trägt zwei Systeme im weltanschaulichen Kleiderschrank.

Daher soll die Politik – und sie tut es zunehmend – dafür sorgen, daß jeder Stamm, den sie anspricht, das jeweilige Outfit der von ihr propagierten Anschauung trägt. Das trägt zur Klarheit in der Welt bei. Dazu braucht es immer wieder nachhaltig Werbung.

Die Welt der westlichen Informationsgesellschaft und des globalen Mittelstandes ist neu im Konsumismus organisiert. Da sieht es eben so aus, daß sich Menschen mit gleichen Interessen einander in Wien, Johannesburg, Seattle oder Sydney, Osaka und Buenos Aires besser verstehen können, als unterschiedliche Bünde einer Partei oder das Management im ersten Stock und die Werkshalle unten im Parterre in einem verstaatlichten Unternehmen. Das muß man einfach sehen.

Shell ist ein phantastisches Vorbild für politisches Marketing. 1971 war Shell die häßlichste der sieben Schwestern. 1978 der zweitgrößte Konzern und seit 1998 der größte im Mineralölbereich und der ertragsstärkste obendrein. Warum? Weil Shell in Szenarienspielen die Ölkrise vorausgesehen hat. Den Wandel der Welt. Und weil sie dafür eine extrem mutige Lösung hatten: Alle Verantwortung wurde an die Peripherie ausgelagert, an die nationalen Gesellschaften, denn die hatten mit unterschiedlichen Problemen in ihren Märkten zu tun – und mußten die schnell und kompetent lösen. Während in anderen Mineralölkonzernen die „Reihen geschlossen" wurden und Entscheidungen lange dauerten, war Shell überragend schnell. Genau das kann auch eine mutige Politik. Föderalismus ist eine hervorragende Managementidee, wenn die einzelnen Tochterfirmen die Corporate Identity und das große Ziel kennen – aber eben mit ihren Methoden erreichen. Smaller is flinker.

Die Werbestrategie gibt ja die Idee nach fraktionalen oder gruppenspezifischen Bedürfnissen vor: Das Werbliche geht immer davon aus, daß es irgendwo da draußen Interessenten und Nichtinteressenten für eine Ware oder eine Dienstleistung – oder auch für die Dienstleistung einer Message – gibt.

Sie stellt Fragen und formuliert das Problem, um es dann „kommunikativ“ zu lösen.

Und wenn es keines gibt, schafft sie es; man denke an den Körper- und Mundgeruch, der erst durch die Kommunikation wirklich zur olfaktorischen Zumutung hochstilisiert worden ist, und erst dann kamen die Produkte als Problemlöser.

Um zu richtigen Produkten zu kommen, für die auch ein Markt besteht, empfiehlt es sich nicht nur auch, sondern gerade in der Politik, die werbliche Disziplin zu pflegen; denn der Politik sind trotz vieler Probleme in der Gesellschaft und Wirtschaft wie dem Bildungs-, dem Arbeits- oder dem Pensionsproblem die wirklich fundamentalen kollektiv lebensbedrohenden Feinde und Abgründe zumindest in der Jetztzeit abhanden gekommen. Da also die Politik nicht vor großen, übermächtigen, die gesamte Gesellschaft akut bedrohenden Feinden beschützen muß, soll sie wenigstens die „kleinen Scharmützel und Feindseligkeiten“ zwischen den unterschiedlichen Stämmen der Gesellschaft nicht nur mit nacheilenden Verträgen, sondern auch mit begleitender kompetenter Moderation und vorausschauenden Ideen lösen. Das entspräche der interaktiven Konsumentenkommunikation, die in der Werbung den Konsumenten via Events und Feedbackverfahren immer stärker in die Produktwelt einbindet.

Logischerweise sind die Rahmenbedingungen zu klären. Das ist der Markt mit all seinen Chancen und Hindernissen. Das ist die mögliche Nachfrage. Ich verwende das „Körpergeruchssymptom“ als passenden Vergleich zum politischen Produkt. Das politische Produkt, das wirklich innovative Marktkraft hat, muß selbst eine Innovation sein. Nicht bloße

Befriedigung von Bedürfnissen; das ist Alltag. Das ist die Pflicht. Die Kür heißt: Innovation, positive Überraschung.

Und vor allem heißt dies: die Rituale der Wählerstämme zu beobachten, zu deuten und sie in die eigenen Kommunikationsbemühungen mit den jeweiligen Stämmen zu berücksichtigen.

Und das geht nur mit Kreativität.

2.13 Die Rede als Ritualtext

Reden sind die Kunst des Augenblicks. Die Rede entsteht nicht vom Manuskript, sondern folgt dem inneren Skript des guten Redners, der in unwillkürlich-willkürlicher Form seine Sprach- und Körperzeichen setzt. Wer reden darf und es kann, der hat die Welt geteilt: In einen „Reden-Dirigenten" und das Orchester, das dem verbalen Taktstock nach Wort und Noten folgt.

„Ich kann Euch nichts versprechen. Ich kann Euch nichts geben." (Figl, Österreich 1945) „Völker dieser Welt, gebt diese Stadt nicht preis ..." (Reuter, Berlin)

Wie schön die Wahrheit zutage kommt, wenn sie es muß. Sie „redet sich ans Licht". In der Sprache liegen die Geheimnisse und Inhalte einer Rede zuerst einmal. Orwells groteske „Doublebind"-Sprache, in der das „Ministerium für Liebe" das Folterministerium Ozeaniens ist, zeigt, daß sich Sprache vor dem hellhörigen Ohr nicht verstellen kann, und das, was sie „redet", auch tatsächlich zur Aussage kommt. Die Rede ist das Amplifizieren eines vorhandenen Gefühls bei jenen, die die Empfänger der Rede sind.

Das Schlüsselerlebnis der Politik heißt Sprache.

Das Recht zu reden und die Pflicht zu Schweigen zeichnen die Machtlinien in der sozialen Geographie nach. Wer das Recht hat, Autorität mit Sprache zu transportieren, der spricht anderes als der „Untertan". Die Rede zeigt diese

Macht auch quantitativ. Sie ist Sprache von einem (einer) zu vielen – welch altmodisches und doch höchst wirksames Instrument! Schon die griechische Demokratie kannte die Kraft und Kunst der Rede und in Rom manipulierte Brutus: „Begraben wollen wir Cäsar, nicht ihn preisen ...“ Bis heute hat sich wenig geändert, außer daß Reagan bei seiner Abschiedsrede an die Nation im Jahre 1989 nicht nur direkt zu nur 1000 Leuten im Beverly Hilton, sondern indirekt via TV zu 150 Millionen Menschen gesprochen hat, von denen 100 Millionen Tränen in den Augen hatten, trotz des medialen Filters, der gleichzeitig auch eine Verstärkung ist. „Wenn das Volk ‚bestimmt‘, muß man seine Stimmungen bestimmen“, wissen geschickte Redner.

Hitler war ein Quotenredner des Schreckens. Demagogen und ihre Reden haben das Antlitz aller Epochen bestimmt. Der letzte große Redner und Demagoge in meinen Ohren und Augen (!) war R. Reagan. Er hat in seiner Abschiedsrede an die Nation am 19. 1. 1989 im amerikanischen Fernsehen eine einsame Höhe seiner manipulativen Kunst erreicht. Er hat seine nicht wirklich verantwortungsvolle Politik, die Politik der Gier, der Rücksichts- und Schonungslosigkeit, so großartig und sanft verkauft, daß ich eine Gänsehaut bekam und mir beinahe Tränen in die Augen gestiegen wären: “We made this nation great again.” Er hat sich dabei unglaublicher Sprünge und relativ infantiler Metaphern bedient; Reagan hat jeder Logik ade gesagt und war dennoch packend, fesselnd, zwingend, ja, dämonisch gut. Wenn Sie sich je eine neuzeitliche Rede anhören wollen, tun Sie es und holen Sie diese Rede aus einem Archiv. Heute im Lichte der berechtigt kritischen Nachbetrachtung merken Sie, wie gut dieser Mann gewesen ist, um solchen Unsinn nicht nur straflos sondern sogar umjubelt absondern zu dürfen. Es war die Kunst der Rede – nicht die Kunst des Inhalts. Zum Zeitpunkt der Rede konnte sich niemand entziehen. Damit haben wir auch ein Element der Rede: Sie ist „jetzt“, sie findet im Jetzt statt. Die Rede ist die überhöhte Sprache, die in ihrer Inszenierung einem Drama folgt. Sie baut ein

„Sprach-Schauspiel". Dieses Wort sagt viel aus: Gute Sprache ist ein Schauspiel und sie erzeugt einen Film im Herzen der Zuhörer. Sie macht Bilder – oft ganz ohne Metaphern, sparsam an Adjektiven, nur mit dem richtigen Setzen der Worte, die so in der Alltagssprache niemals gesetzt würden. Gute Reden sind der Film der Sprache, die Choreographie einer Sprache, Worte, Gesten, Körpersprache, Lautstärke, Modulation – Encodierungs- und Decodierungsmeisterschaft.

Die Redner aller Stämme sind auch die legitimierten Herrscher dieser Stämme. Nicht immer sind sie die tatsächlichen Machtinhaber, es gibt hinter ihnen Kanzler oder Drahtzieher, Intriganten oder Bonzen, die tatsächlich mächtiger sind. Wer aber der Rede mächtig ist und sie zu gebrauchen versteht, der gehört dem Stamm der „Dirigenten" an.

Es gibt keine Rede eines Mathematikers zur Entdeckung der genetischen Ketten, die auch nur in die Nähe von „mitreißend" käme, obwohl diese Person möglicherweise Epochenbestimmendes mitteilt. Sloterdijk, der grandiose Philosoph mit seinem irrwitzigen Kompetenzsound, perlt als Redner eher ab. Erst als geschriebene Sprache wird er grandios.

Rede heißt: Sprache zur Sprache bringen und Wirklichkeit durch eine emotional-akustische Resonanz im Kopf des Hörers hervorzurufen. Die Reden sind politische Instrumente. Sie kennzeichnen den Stamm der „Redner" – der ein Stamm der Bestimmenden ist. Semantisch betrachtet ist in „Be-Stimmung" auch die Stimme enthalten, ein Instrument, das sich erhebt, um Menschen auch einzustimmen. Wer in der Politik tätig ist oder wer die Politik als einen Hauptstamm zu betrachten vermag, erkennt auch die Funktion und Stammesqualität jener, die das Recht haben, zu reden. Diese Reden sind Stammeskennzeichen und Machtinstrument.

2.14 Politische Symbole – die Stammeszeichen

Symbol und Zeichen sind nicht ein und dasselbe. Nicht jedes Zeichen wird zum Symbol. Ein Symbol steht für etwas viel Weiterreichendes als ein Zeichen.

Symbole stellen Machtbereiche dar. Sie definieren Reichweite und Territorium in einem.

Im Symbol verdichtet sich Kommunikation auf einen Punkt. Symbole sind ein Endpunkt einer kommunikativen Entwicklung. In einem Symbol läuft ein Film ab: Worte, ganze Sätze, Gesetze, Geschichte und Geschichten. Symbole üben Herrschaft über Beherrschte aus. Sie sind Befehle, auch wenn sie einem oft gar nichts anschaffen, außer daran zu denken, was sie sagen.

„Beachte mich": Die Beachtung der Flaggen, spezielle Grüße, rote Teppiche – all das sind Symbole.

Unter dem Symbol sind die Befehle eindeutig. Diese Eindeutigkeit macht jede Form von Symbolkommunikation politisch, da das Symbol in den Stämmen, in denen es wirkt, und bei den Stämmen, auf die es wirken kann, eine Reaktion hervorruft.

Selbst bei einem Text oder einem Dokument kann das Zeichen des ausgestreckten Zeigefingers „Befehlsgewalt" zum Hineinlesen haben. Symbole sind visuelle Zeichen, deren komprimiert in ihnen wirkende Sprache von vielen verstanden wird und über deren Verständnis bei vielen ein präzises gemeinsames Wissen herrscht. So setzten diese Vielen gemeinsames Wissen als gegeben voraus und verlassen sich auf die Reaktion – bei sich selber und bei anderen. Symbole sichern die Konsistenz der Kommunikation. Man kann sich darauf verlassen.

Eine neue Kaste der Symbole bildet sich bei einer neuen Kaste von Kommunikatoren: Diese Kaste oder dieser Stamm eignet sich heute über die Symbole, die den inneren Ablauf koordinieren und die Klienten in konzentrische Kreise des Wissens einteilen, eine Macht an, die der etablierten Politik Kopfzerbrechen bereitet. Eine völlig neue Kaste sind die Computergurus. Die Computersprache und deren Symbole und Verkürzungen und Inhaltsstenogramme, die Ikonen und Befehle überspringen wie Markenlogos alle Grenzen der herkömmlichen Schreib- und Sprachformen. Sie sind Weltsymbole und das Esperanto des neuen Kontinents „Weltnetz".

Im Symbol ist sprachlich transzendiert eine Komplettinformation enthalten. Insofern ist das Symbol demokratisch im Sinne der Rasse und des Volkes. Ein Symbol der Welt wird in aller Welt decodiert. Es wird in Afghanistan, Indien, Schweden oder Silicon Valley verstanden. Dadurch verdienen in Rawalpindi die Menschen via Medienesperanto Geld, das sie sonst nicht verdienen könnten. Sie exportieren eine Dienstleistung – z. B. Buchhaltung – nach Europa und verdienen damit nicht nur Geld, sondern auch Selbstachtung und Entwicklung aus eigener Kraft. Nationale Grenzen werden übersprungen und durch eine Globalkultur ersetzt, die weltweit als neue ökonomische Kultur im Stamm der Datenarbeiter wirksam wird.

Der Vorgang eines Austausches mittels einer auf Symbole verdichteten Sprache (Syntax und Semantik) zeigt auch einen sozioökonomischen Ausweg aus dem Gefälle zwischen armen und reichen Ländern. Der Beginn der Umverteilung von den reichen zu den armen Ländern findet statt durch den Export hochwertiger Arbeit. Er setzt aber voraus, daß eine zweifache Übersetzung geleistet werden kann – jene von analoger ‚Sprache' in digitale und umgekehrt. Er bringt aber mit sich, daß es keiner „Fremdsprachenkenntnis" einer der Sprachen der überlegenen Industriekultur bedarf, sondern nur der Kenntnis eines „analphabeten" Neualphabets, der Zukunftssprache, die in Symbolen abläuft und nicht in Semantik und Syntax einer germanischen, romanischen oder japanischen Sprachstruktur.

Die Integration der weltweiten Datenarbeiter in diesen Stamm der Informationsavantgarde verändert auch diesen selbst. Dieser Vorgang leistet die größte Veränderung in jenen pakistanischen und indischen Bevölkerungsteilen, die begonnen haben, ihm anzugehören: Sie sind nunmehr kompatibel mit der Welt geworden. Sie können sich in Bewegung setzen und in die „gelobten Länder“ auswandern. Sie tun das auch. Nicht erst ab diesem Zeitpunkt werden sie den bestehenden religiösen und politischen Stämmen ihrer Heimat immer fremder. Diese Symbole a priori bauen neue zukünftige Welten auf.

Die Sprache der religiösen und mythologischen Symbole wird auch aus einem unbewußten kumulierten Wissen verstanden. Vieles von der Originalaussage ist dabei im Lauf der Menschheitsgeschichte verloren gegangen. Yin und Yang – wer kennt schon die tiefere Bedeutung? Die taoistische Vollkommenheit. Das dynamische Zusammenspiel des weiblichen und männlichen Prinzips. Es ist das schöpferische Prinzip des Kosmos, das sich hier ausdrückt. Symbole sind keine Aussagen über biologische Funktionen, sondern immer Hinweise auf große transzendentale Wirklichkeiten, wie C. G. Jung sagt.

Nach Freud stehen Symbole für etwas, was wir bereits wissen, aber unannehmbar finden. Das heißt, eine Verschlüsselung unserer Welt in Symbole dient der Tarnung des Wissen, das wir einerseits wohl gerne wissen möchten, andererseits aber leugnen müssen, um uns in der Realform dieser Welt zurechtfinden zu können. Diese Symbole a posteriori sind Stenogramme komplexer Wirklichkeiten, die aus der Vergangenheit kommen.

Die Tauglichkeit der symbolischen Aussagen für diese Welt ist sehr stark durch eine Verknüpfung und Brückenfunktion dieser alten lange schon bestehenden Symbole gekennzeichnet. Sie sagen uns: Es gibt noch etwas anderes als dieses unmittelbare kognitiv Erfaßbare: ein höheres Ziel, ein Weiter, ein Darüber.

Viele „Sendungssymbole“ werden als erstarrte, undiskutierte und „seit ewig – bzw. aus dem Nichts kommende Symbole“ betrachtet und kommunikativ verfälscht überliefert und eingesetzt. „Das Kreuz als Symbol des christlichen Glaubens ist wesentlich älter als dieser selbst. Der sechszackige Stern sagt mehr aus als nur: Ich bin ein sechszackiger Stern. Er spiegelt die Vereinigung der vier Elemente Erde, Wasser, Feuer und Luft. In der Kabbala wird er zum Davidstern und repräsentiert den Erleuchteten. Das aufwärtsgerichtete Dreieck ist die höhere Ebene, das nach unten zeigende Ebene ist die psychische Welt." (Campbell)

Diese großen Symbole und auch die alltäglichen Symbolismen stellen einen wesentlichen Bestandteil von Kommunikation dar. Wir folgen ihnen – oder wir lassen ihnen folgen. Wir wissen: Wer „dieses" Symbol sieht, erkennt den darin enthaltenen Appell. Damit können sie Menschen besser organisieren und unifizieren. Ein Verbotsschild beinhaltet zwei Botschaften: „Tue es nicht". Und: „Es gibt dich als Angreifer und mich, das Schild mit dem Symbol als Verteidiger und Wahrer des Rechtmäßigen." Es sagt darüber hinaus: „Die Gesellschaft bindet dich als Individuum über ein Symbol an Gehorsamkeit."

Realgestaltliche Verbotsschilder sind nicht nur Symbole für Verbote von etwas, sie sind auch Symbole einer Gesellschaft, die sich als fraktionierte, antagonistische Kampftruppengesellschaft sieht, die sich mit vielen oder allgegenwärtigen „Geboten und Verboten" im Zaum hält. Diese Symbole stereotypisieren (logotypisieren) sich selbst, um undiskutiert zu wirken. Diese Symbole sind nicht nur visuelle Zeichen, auch die Akustik spielt eine Rolle. Wer erschrickt nicht, wenn Handschellen klicken, wer fragt nach, ob „Betreten verboten" wirklich „Betreten verboten" ist – und warum. Wer kann einer Hymne sein Ohr versagen, wenn sie in ihm das Gefühl der „Heimat" auslöst und den Widerhall des staatsbürgerlichen Gehorsams?

Symbole sind nun einmal die Tätowierungen der Macht.

Symbole sind Sprache. Sprache bedient sich der Symbole.

Somit sind auch Marken Symbole. In ihnen steht ein ganzer Wertehaushalt auf Abruf bereit. Sie sind verdichtete Information. Sie sind gleichzeitig Individualitätsbringer im lokalen und Identitätsstifter im globalen Raum. Daher sind die Versammlungsorte für Marken nicht mehr an einem realen Ort, sondern im virtuellen – in den Medien: die Käufer von „Prodigy"-CDs finden sich nicht in der gleichen Schule zusammen, sondern im Internet oder vor MTV.

Das ist die Kraft der Symbole: Sie vereinen neue Kohorten, die in der Welt verstreut sind. Das ist einer der qualitativen Quantensprünge: daß man sich nicht mehr als gleicher physisch zusammenfindet, sondern als Teil einer weltweiten Diaspora einer Markenkultur.

Symbole einigen diejenigen, die sie erkennen und anerkennen. Die Stämme, die unter den Symbolen geeint sind, müssen nicht hermetische Ganzheiten sein, an ihren Rändern greifen sie immer in andere Stämme über, an den Rändern wird über Grenzmanagement und Symbolübersetzung eine Kompatibilität gesucht – oder aber auch ein Trennstrich gezogen, wie es über das Symbol „Katholik" und „Protestant" in Nordirland getan wird.

2.15 Ventile

Der Schrecken der Wohlfahrtsdiktatur, der Kontroll- und Behütungsterror eines Wohlfahrtsdespotismus sind Ergebnisse der Umsetzung politischer Konzepte, die die Ungleichheit in dieser Gesellschaft beseitigen wollen. Die Gegenseite, der Kapitalismus postdarwinistischer Prägung, schreibt Ungleichheit als zwingendes Szenario für Entwicklungsimpulse fest. Ohne soziale Mobilitätsenergie gibt es auch keine Mobilität im Alltag. Bedrohung macht bekanntlich erfinderisch. Die Erstarrung von Systemen in der sozialen Gleichheit sucht und findet Ventile, die auf ritueller Ebene das Faktum der Ungleichheit dennoch zelebrieren können. Die Systeme auf der anderen Seite, die kapitalistischen Systeme, kennen die Verbrüderungs- und Verschmelzungsrituale der Masse und mit der Masse durchaus auch.

In Systemen der allgemeinen Gleichheit und Wohlfahrt wird der Sport besonders zelebriert. Sportfeste sind besondere Aufmarschrituale von Ungleichheit. Der Wettkampf wird als Tüchtigskeitsventil einer an sich stagnierenden Gesellschaft nicht nur toleriert, sondern auch gefördert. Von Spartakiaden über alle Arten von nationalen Vergleichswettkämpfen. Und natürlich auch jener Kampf, der auf internationaler Ebene anderen Systemen die Überlegenheit des eigenen Systems zeigen muß. Im Kapitalismus hat der Sport eher eine versöhnliche, beruhigende und nivellierende Funktion. Und nicht eine aufhetzerische wie in sozialstagnativen Systemen. In sozialstagnativen Systemen mobilisiert der Sport eine träge Gesellschaft.

Eine zweite Ebene der Mobilität und der Mobilisierung in stagnierenden Systemen ist das Militär, in dem Ungleichheit durch die ungleichen Ränge festgeschrieben ist.

Wer in den Rängen aufsteigen kann, ist ruhiggestellt und wird das System, in dem er aufsteigen kann, nicht durch einen „ungelösten Überdruck“ von Energie behelligen.

Eine dritte Mobilitätsenergie wird in der stagnierenden oder mürrisch werdenden Gesellschaft aktiviert – sie setzt den Übergang von der proletarischen Masse zur Avantgarde der Partei und später zur Nomenklatura in Gang. Man nennt dies gemeinhin Revolution, nach dem Scheitern der letzten diesbezüglichen scheint derzeit wenig Bedarf an einer solchen „Aufstiegschance“ zu bestehen.

Im Kapitalismus sind es die Verbrüderungsrituale, die Ventilfunktion und Erlöserpotential aus dem Tal der Hoffnungslosigkeit besitzen. Gerade die Hoffnungslosesten, die so wenig verdienen, daß ein „Mehr“ nicht erzielbar ist, weil „Mehr“ ja nur aus den freien Einkommensteilen generiert werden kann – gerade jene sind das Reservoir der Aufstiegshoffnung und gleichzeitig deren Beschwichtigungspriester: Anläßlich großer Sportereignisse kommen daher auch die Förderer dieser Sportereignisse, die Sponsoren, in der Regel Vertreter der herrschenden Klasse, mit den proletarischen Massen zusammen.

Sie treffen ihre Gladiatoren und kommen dabei in Reichweite jener, die sie mit ihrem Sport beruhigen und an der politischen Mobilität hindern. Diese Mobilität ist an sich in der Gesellschaft als Hoffnung festgeschrieben. Im Sport verbrüdern sich die Besitzer der Gesellschaft vorübergehend mit den Habenichtsen und geben diesen damit eine Aura von Bedeutung, die diese Machtlosen wieder für eine Weile beruhigt und ihnen die Verhältnisse mehr als erträglich erscheinen läßt.

2.16 Die Distanz–Nähe-Rituale

Politiker und alle politisch tätigen Menschen, die in irgendeiner Institution die „Politik machen“, müssen mit der Ressourcenzuteilung in ihrem emotionalen Haushalt extrem geschickt umgehen. Der Mensch hat ja nicht unbeschränkt Emotionalbudget und Erinnerungsvermögen. Die Menschen, die einem näher sind und deren Anliegen man kennt, die sozusagen zur Familie gehören, sind Großteilhaber am emotionalen Haushalt eines politischen Menschen. Jene aber, die in konzentrischen Kreisen sich immer weiter von diesem Zentrum der Aktion entfernen, werden einerseits mit immer weniger Information beteiligt, andererseits mit immer weniger Zugangshäufigkeit auf Distanz gehalten. Auch die Intensität des Wissens ist reduziert. Und noch etwas: Diese immer weiter entfernten Menschen werden, analog zum Abstand vom Zentrum, immer weniger auf der persönlichen Ebene und individuellen Ebene angesprochen, sondern als Gruppe. Der Meister läßt sich herab, oder auch die Meisterin, um von Zeit zu Zeit ein Vereinigungs- und Unifikationsritual abzuhalten. Der Marsch in die Menge, die Tour vor der Wahl erreicht die am weitesten Entfernten – die Wähler oder die Zustimmenden. Oder aber auch jene, die unter Umständen dagegen sein könnten.

Bei diesen Annäherungsmanifestationen müssen bestimmte Dinge beachtet werden: das „Prost alle miteinand"-Ritual, das „Ich schüttle Ihre Hand, Madame"-(Heast, is dea galant-)Ritual und das „Ich nehm ein Kind zu mir empor und laß es mich bussln"-Ritual, das „Gib mir ein paar Blumen und ich lächle in einen Fotoapparat mit dir"-Ritual. Diese vier grundsätzlichen sprachlosen Sprachformen der Nähe lösen eine Erwartung ein und müssen daher immer gleich stereotyp ablaufen und aussehen. Die Verbrüderungsrituale müssen also jene sein, die immer wieder eine überraschte Verzückung auslösen und dennoch vertraut sind. Das ist das körperliche Berühren mit den Unberührbaren, das ist die weit jenseits einer Geste reichende Trinkspruchkultur, das ist das „Search-View" der Politiker.

Was verbirgt sich hinter „Search-View?" Der Politiker und der politische Mensch, der in der Öffentlichkeit steht, um seine Politik eben entfalten zu können, leiden vermutlich unter dem von Anna Freud benannten „Search-View"-Syndrom.

Das ist ein voyeuristisches, aber auch exhibitionistisches Grundmuster der Persönlichkeit. Hervorgerufen ist dieses Grundmuster durch die Mütter, die ihren Söhnen wohl Aufmerksamkeit versprechen, diese aber aufgrund ihrer eigenen Neurosen und Ängste nicht geben können. Das heranwachsende männliche Kind (natürlich auch das weibliche, aber nicht in dem Maße!) sucht in der Mutter etwas wie einen Funken oder sogar das Feuer der Wärme, der Beteiligung und des Beteiligt-seins. Diese ständige Suche des Kindes nach einer aufmerksamen Mutter ist ebenso vergeblich wie folgenschwer. Das männliche Kind wird entweder zum Sexvoyeur, weil dort eben Nähe und Beteiligung in einem sehr unmittelbaren Bereich möglich sind, oder aber es wird zum Mechaniker der Macht – zum politischen Menschen. Dieser politische Mensch ist daher auch eher männlich und weniger weiblich. (Die politisch Korrekten mögen sich jetzt einfach wegdrehen und einmal darüber nachdenken, was hier steht!) Frauen sind nicht in dem Maße voyeuristisch wie die Männer. Sie suchen nicht die Macht, sie lassen sich eher von der Macht finden.

Das männliche Kind, dieser infantile Grundzug in den politischen Menschen, ihre Eifersucht, ihre irrationalen Ängste, ihre durch und durch beeinträchtigten und beschädigten Persönlichkeiten, fußen auf diesem Trauma der Kindheit und werden sichtbar in ihren „Search-Views", wenn sie hinausgehen zu ihren peripheren Anhängern, um diese nicht nur an sich zu binden, sondern auch diesen so etwas wie Liebe und Zuneigung abzuverlangen – mit jenem suchenden Blick nach Bestätigung, den sie von der Mutter nie erhalten haben. Das Bad in der Menge ist mindestens so schön wie das Bad als Kind, bei dem die Mutter den Kleinen einseifte und abrubbelte und in der Grauzone zwischen Sexualität der Frau und Zärtlichkeit der Mutter agierte. Es kommt nicht von ungefähr, daß viele politische Menschen auch einen enormen Sexualtrieb haben. Sichtbar wird er nicht immer. Manchmal aber doch! Kennedy oder Clinton sind gute Beispiele, die mächtigsten Männer haben auch die mächtigste Libido. Und eine gestörte obendrein!

Dieses Ritual des Bades in der Menge, der suchende Blick, die Verbrüderung mit dem Schnaps, das Schwingen des Tanzbeins als Ausdruck der alten Stammestänze als leicht verwehter und nur mehr unklar erkennbarer, aber dennoch deutlicher Ausdruck der rituellen Stammestänze von Seinerzeit zeigt, daß der politische Mensch eingeflochten ist in ein Netz von vorbestimmten, choreographierten Abläufen. Das den Riten zu Grunde liegende, handlungsbestimmende Agens ist das individuelle und kollektive Gedächtnis, das weit über die Hirnleistung hinausgeht und gleichsam ein in den Zellen gespeichertes Wissen, ein Unbewußtes nach Jung ist.

2.17 Das Omnipräsenzritual

Politiker sind arme Hunde: gehetzt einerseits von ihrem Machttrieb, andererseits hetzen sie an den Rändern ihrer Territorien entlang, um das Revier nicht nur abzustecken und je nach Kraft zu expandieren, sondern auch die Herde innerhalb des Reviers von ihrer Präsenz zu überzeugen. Die rasenden Reisenden in der Politik sind die Mächtigen in der Politik. Heute, so meint man, geschähe dies ausschließlich durch die Medien. Das ist richtig, aber keineswegs ganz richtig.

Wenn auch der rasende Reisende in den Medien, der Gast in jeder Talkshow, der Interviewpartner in jeder Nachrichtensendung, der Kommentar- und Wortspender bei bedeutenderen Adabei-Festen und Empfängen ist, so bleibt dem „Hund" Politiker es nicht erspart, hin und wieder kläffend auch im wirklichen Land, und nicht nur im virtuellen umherzureisen. Deutlich wird dieses Ritual vor der Wahl: Das Händeschütteln einerseits (Schwanzwedel- und Abschleckritual) und das Eroberungsgehabe in den Dörfern – die Eroberung des Dorfplatzes und des Wirtshauses – mit einer Ansprache, die nicht von ungefähr auch bellenden Charakter hat. Das stakkatoartige in der phonetischen Kultur einer Ansprache ist gleichsam das Bellen des Hundes. Haben Sie schon einmal genau hingehört? Das Auf- und Abschwellen der Geräusche, das Setzen der Pausen – es ist, als würde ein Hund bellen. Die phonetische Dominanz, die Überlagerung der Geräusche rundherum, das Übertönen des Blökens der Schafe auch in den letzten Reihen, all das hat ein Grundmuster und ein Identitätspattern, das bei genauem Hinsehen verblüffend ist. Und verblüffend gleich funktioniert.

Egal, welcher Couleur die Politiker angehören, egal, in welcher Gegend ihres Territoriums sie auftreten, sie ähneln einander in dieser Handlungssequenz aufs Haar. Was einander aufs Haar ähnelt, ist immer auch als Ritual identifizierbar. Ritual ist die Verkürzung des Erklärungsaufwandes, ist Installation gewohnter Muster und im „Ich ziehe über das Land"-Ritual ein besonders deutliches. Es gehört zu unserem Empfangsrepertoire, solche Rituale zu erwarten, sich in ihnen wiederzufinden, ihnen unterzuordnen, sich durch sie steuern und gleichrichten zu lassen, wohl vielleicht auch Bestätigung zu erhalten für das Tun. Denn wer ist denn Teilnehmer in diesem Reise-Gesprächs-Kläff-Ritual? Jene Schafe der großen Herde, die sich auf ihren jeweiligen Dorfplätzen versammeln, um ihr Blöken nach und nach zum Verstummen zu bringen und dem Hirtenhund am Rednerpult zu lauschen.

Wenn wir Märchen betrachten und Disneysche Phantasie, so merken wir, daß die Kraft dieser Darstellungen auf der Kenntnis der Mythen und Rituale beruht, die die Meister der märchenhaften Kommunikation gnadenlos ausbeuten, um zu ihren Zuschauermassen jeder Altersstufe zu kommen. Hier scheint also etwas vorzuliegen, das funktioniert, das nicht konstruiert werden muß, weil es schon längst da ist. Es ist das Muster einer Erfüllung, das Hineingehen in eine Tatsache, die über die Zeiten gewachsen ist. Unser Zusammenfinden unter einer Autorität hat Tradition und ist Kultur! Kultur ist die Inszenierung und Exekution von Ritualen und nichts weiter! Kultur ist die Modifikation grundsätzlicher Rituale. Das Kratzen an den Rändern, die Bedrohung der rituellen Integrität: das ist Kultur!

Durch die Hypermobilität der Normadressaten, sprich des Stimmviehs, welches sich aus einer Herde blökender Schafe weiterentwickelt hat zu selbständigen kleinen, individuellen, kinetischen Helden, zu lauter kleinen Wölfen, im Rudel zwar, aber mobil, ihren Ortswechsel jederzeit vollziehend, beklagen Politiker das Abhandenkommen der sanften Herde.

Die Ritualinszenierung der territorialen Umkreisung der Herde fordert den Politiker heraus. Er ist gezwungen, sich neue Strategien und neue Inszenierungen seines Tuns zu überlegen. Er tritt nicht mehr alleine und auch nicht mehr nur mit einem Troß auf, der den Auftritt organisiert, sondern er tritt auf in einer meist dreifaltigen Einheit (Gott Vater, Gott Sohn und Heiliger Geist). Er tritt selbst als Gott Vater auf, als ein hoffnungsvoller Regionalpolitiker. Gleichzeitig als Messias – Gottessohn als junger Lokalpolitiker, der den neuen Spirit, der hier vermeintlich versprüht wird, verkörpern soll. Er läßt sich herab als demokratischer Vor-Ort-Zwitter zwischen Schaf und Wolf, der der Herde einerseits als deren Beschützer und andererseits als deren Bedroher (wieder in einer Dreifaltigkeit) gegenübertritt. Diese Umzingelungstaktik soll die Herde zusammenhalten.

Das Dreifaltigkeitsritual des Lokalpolitikers, der auf Reisen geht und seine Omnipräsenz dokumentiert, ist eines, das den Gottritualen auch ähnlich ist, weil der Politiker immer und überall zu sein hat. Diese Gleichzeitigkeitsinszenierung nicht nur in den Orten und Zeiten, sondern auch in den Wesenszügen, übersteigt eines Menschen Dimension. Der väterliche Bewahrer, der junge aggressive Herausforderer und der weise über allem Stehende – das ist nicht mehr menschlich, das ist schon göttlich. Und so läßt sich auch der Politiker trotz seiner Gier nach Öffentlichkeit in seiner Inszenierung und im Ritual noch immer herab, als wäre er der Heilige Geist – heute buchstäblich mit dem Hubschrauber, weil ja sonst das „Immer-und-überall" nicht möglich ist. Er erscheint auf Ortsplätzen und verkündet seine Botschaften, die einander teilweise heftig widersprechen und dennoch alle zusammenfassen unter den Widersprüchen, die Göttliches nun einmal hat. Das Unbegreifliche, das Unerklärliche und vor allem das Zukünftige bei gleichzeitiger Beschwörung der Vergangenheit wird beredet. Hier ähneln einander schwarze und rote Politiker sehr, denn auch die Roten wissen um mythologisch Inszenierungen bestens Bescheid. Ja vielleicht noch besser, weil sie sie intellektuell erforschen und Gestaltung mit Kalkül einsetzen, während die Schwarzen es aus dem Bauch und aus ihrer Tradition heraus machen und auch immer wieder von einem leicht blasphemischen Gefühl beschlichen sind, wenn sie tollkühn, als wären sie Götter, auftreten.

2.18 Gesetzestexte, Erlässe, veröffentlichte Regeln

Die Sprache des Rechts gibt über die grundsätzlichen Rechtsstrukturen einer Gesellschaft Auskunft. Sie sagt genau aus, woher das Recht kommt, ob es erstritten worden ist gegen autoritäre Regimes und Diktaturen, oder ob sich freie Bürger einen Staat in Form des Rechts gegeben haben. Wo der Staat sich vor dem Bürger schützt, besteht weniger Rechtssicherheit als in einem Staat, in dem der Bürger seine Rechte gegen den Staat legitim verteidigen kann.

Beginnen wir bei den Voraussetzungen: In den Regelwerken, die den Bürger gegenüber seinem Staat einschränken, gibt es eine unglaublich große Anzahl von Gesetzen, Bestimmungen und Erlässen, die „zum Gesamten hin" regulieren. Sie disziplinieren die Normempfänger. Sie sind Materie der Anpassung und Auslöschung der Individualitätsmacht. Die Zwangsgewalt ist wirklich eine Zwangsgewalt – eine, die wenige Aussagen und positive Regelung zu den Freiheitsrechten des Individuums trifft bzw. als Gesetzesschutz gegenüber dem Staat und der Allgemeinheit festlegt. Da ist wohl von Gruppen, eventuell sogar von Minderheiten (exotischen Stämmen) die Rede, aber wenig vom „einzelnen".

Alle Staaten, die in ihrer Geschichte eine große politisch-gesellschaftliche Zäsur erfahren haben, wie die europäischen Feudalstaaten im Übergang zur Demokratie, sehen sich als Produzenten von Regeln wieder, die die Anpassung der Bürger zum Staat festschreiben und die Anerkennung des Staates durch den Bürger sehr viel wichtiger nehmen, als die Anerkennung der Bürgerfreiheiten durch den Staat. Es müßte uns doch zu denken geben, daß die Demokratie, die nunmehr am längsten auf so hohem Niveau und mit ihren 13 Artikeln auf dem Parkett der Weltgeschichte federführend ist, auch als ökonomische Macht unangefochtener denn je ist. Aber wir denunzieren die Amerikaner als naiv und bindungslos. Was soll das? Was ist das für ein Statement? Was sagt es? Es sagt aus, daß Bürger der Feudalstaaten sich über Generationen hin nicht vom Vorurteil befreien können, daß Freiheit bindungslos und naiv sei. Dabei ist es ganz einfach: Wer der Unfreiheit so entronnen ist wie die Bürger Amerikas, der stellt die Freiheit als das Glück schlechthin dar, auch wenn in ihr so vieles schlummert, was bedrohlich ist.

Auch Unglücklichsein ist ein Bürgerrecht! Wohlfahrt kann auch Despotismus sein!

Wer prädemokratisch agiert, lebt mitten im Nachbeben zentralistischer Strukturen, die wohl oft auch die allgemeine „Wohlfahrt" anstrebten und genau dabei oft auch alles an „Wohlergehen" des einzelnen zerstörten – nämlich die Hoffnung, sich aus der Masse erheben zu können.

Es bedarf zur Erzielung der allgemeinen Ordnung der Übereignung von Rechten an eine Gruppe von Staatsmitgliedern: an die beamtete Kaste der Staatsverwalter und -diener.

Die Sprache sagt es leider überdeutlich: Es sind Staatsdiener, nicht Menschendiener.

Diese Staatsdiener sind die Priesterkasten, der Priesterstamm unseres Gemeinwesens, das manchmal seinem Namen alle Ehre macht und wirklich „gemein" agiert, aber nicht gemeinschaftlich oder gemeinnützig. Eine spezielle Gruppe hat dabei oft einen über allen anderen angesiedelten Status – sie ist so stark, daß die Politik weder über sie hinweg und schon gar nicht an ihnen vorbei (weil sie Urheber der Texte sind) Gesetze beschließen oder durchsetzen könnte. Sie sind nicht im rechtsfreien Raum, sie sind selbst das Recht und immer im Recht: die Juristen des Staates.

Die Produktion von Gesetzen produziert nicht mehr Sicherheit. Das ist eine altbekannte Tatsache. Sie produziert mehr Häftlinge, mehr Verstöße, mehr Abweichungen, mehr Nichtentsprechungen, mehr Frustrationen. Die reglementierte Gesellschaft, die sich ihre Regeln bis in das kleinste Detail festschreibt, ist eine Gesellschaft des Scheiterns. Es ist eine Gesellschaft, die das Zusammenwirken ihrer Einzelteile auf einem konsensualen Weg nicht zustande bringt. Es ist eine Gesellschaft, die die Tendenzen des Auseinanderstrebens durch die Rechtsnormen des Zueinanders so reglementieren will, daß keinerlei Abweichung und kaum ein Toleranzbereich vorhanden ist. Wenn dazu noch ein Mißverhältnis der Rechtsgewalt zu denjenigen, über die Rechtsgewalt ausgeübt wird, kommt – es sei hier nur die Beweislastsituation angesprochen – , dann führt dies früher oder später zu einer paranoiden Gesellschaft, die nach einem starken Mann ruft bzw. das erfüllt, was die Polizei als selbstgenerierendes Machtwachstum dem Innenminister, den Staatsorganen, der Legislative immer wieder abnötigt: mehr Gesetze, mehr Kompetenzen, mehr Durchgriffsrechte, mehr a priorische Verurteilung, mehr Präventivgewalt. Das kann aber nicht der Sinn einer Demokratie sein, daß Präventivgewalt einer A-posteriori-Gewalt gegenübergestellt wird. Gewalt, die Gewalt verhindert, ist und bleibt Gewalt, die in nichts besser ist als die Gewalt, die verhindert werden soll.

Die Transportenergie des Individuums hat zu einer neuen Kinetik der Macht geführt. Das ist schon eine richtige Beobachtung, daß die Freiheit des einzelnen eine Geschwindigkeit erreicht hat, der die Staatsgewalt schwer folgen kann. Die Staatsgewalt reagiert darauf durch eine immer stärkere Behauptung ihrer Positionen. Sie weitet den Rechtsraum ihrer Machtinstrumente aus und gibt ihnen eine Kraft und Bedeutung, die der demokratischen Grundordnung widerspricht. Der freie Bürger wird aufgrund seiner Freiheit zum potentiellen Gefahrenherd in der Gesellschaft und auch als solcher behandelt und betrachtet. Die Präventivmaßnahmen werden zu sicherheitskultischen Notwendigkeiten und Ritualen der Einheit hochgejubelt: der große Lauschangriff, das Meldegesetz, das Durchgriffsrecht auf die Sphäre des einzelnen, ja sogar in das Private hinein, wie z. B. in die gesamte, wenn auch schwierige Materie des freiwilligen Lebensverzichts, oder in die Entscheidung zum Irrtum in einer Behandlungsmethode. Auch im Glauben, der an sich ja frei ist, muß der Bürger die Freiheit immer behalten dürfen, sich zu irren. Er muß die Freiheit behalten, zu einer Sekte zu gehen. Die Sekte ist eine religiöse Formation, und Religionsfreiheit ist unteilbar. All diese Rufe der Regierenden nach mehr Gesetzen produzieren weniger Sicherheit, da es, je mehr Gesetze geschaffen werden, umso weniger Möglichkeiten gibt, alle zu befolgen. Die Gesellschaft muß souveräner werden und sich nicht von einer wenn auch zugegebenermaßen sehr großen Minderheit, nämlich den Beamten, reglementieren lassen. Es gibt kaum ein Land, das sich Demokratie nennt, das seinen Beamten einen definitiv rechtsbevorteilten Status einräumt (Amtsehrenbeleidigung!).

Unter diesem Aspekt einer ungleichen Rechtsgewichtigkeit ist jede Missetat des Bürgers produzierbar. Alles kann vorsorglich verboten werden unter dem Hinweis auf den Angriff auf die Souveränität des Beamten oder auf die Superiorität des Beamten. In diesem untragbaren Zustand der ungenauen Beschuldigungen lebt jeder Staatsbürger einer postfaschistischen oder prädemokratischen Staatsstruktur. Ein verbindlicher Katalog von Rechten und Pflichten fehlt. Ein Katalog, der auch Rechtswirksamkeit hat und in dem die Grundrechte und die Grundpflichten eindeutig klar, präzise und in *wenigen* Worten dargestellt sind.

Beginnen wir mit den 30 unveräußerlichen Rechten des Bürgers. Man sollte mit diesem Katalog endlich anfangen und ihn publizieren. Gleichzeitig sollte eine Stelle geschaffen werden, die das System dann inoperabel macht, wenn es sich dagegen wehrt (Klageeindeckungen, Demonstrationen, Informationen, Selbsthilfe, Souveränitätsdiskussionen, Medienbelegung durch bezahlte Werbung etc.). Die Konsensmaschine ist zu bremsen.

Erlässe, Gesetze und Regeln des Staates sind eine Geheimware, eine apothekenpflichtige Kommunikation, die der Bürger nur dann anwenden kann, wenn er einen Rezeptaussteller – i. e. einen Rechtsanwalt – als Moderator hat. Dazu braucht er Geld – und noch dazu eine semifachliche Fähigkeit, mit dem Rechtsanwalt so kommunizieren zu können, daß ihn dieser als Klient akzeptieren und verstehen kann.

Die Amtssprache – die gemilderte, banalisierte und trivialisierte Form des Gesetzestextes – produziert irrwitzige Sprachblüten. Irre schleicht sich der irre Witz des Makabren durch Protokolle der Gesetzeshüter! Sehen Sie sich einmal um, wenn es um die Verbotsschilder mit Textanteil geht. Da stimmt kein einziger Buchstabe, und dennoch sind sie verbindlich. Denn das Gesetz baut sich sogar die Regel ein, daß sein Nichtverstehen nicht vor Bestrafung schütze, außer das Gesetz sei als eine „Denksportaufgabe" formuliert.

Die oft beispiellose Zügellosigkeit in der Kodierung der Sprache durch beamtete Menschen dient der Absicherung des Produktes „Rechtsnorm" und der Normproduzenten selbst. Die Produzenten sichern sich mit diesen Texten gegen die Politik und gegen das Publikum gleichermaßen ab. Sie werden zur eigenen politischen Kraft, ganz gegen die Verfassung, weil sie ständig „Erlässe" provozieren, die ihnen die Durchführung rückhaltlos und unkontrollierbar anvertrauen, so daß sie quasi als eigene übergesetzliche Kraft ohne Kontrolle agieren können. Die Überwältigung des Demokratischen durch die Verwaltung ist flächendeckend auch heute noch in nicht ausreichend zivilen Gesellschaften und Demokratien wie Griechenland, Portugal oder eben Österreich festzustellen.

3 Die halbamtlichen Rituale in den Subsystemen

3.1 Kirchenrituale

Kaum jemand balzt so sehr um Aufmerksamkeit wie das Untergehende. Die verschwindende Machtgruppierung „Kirche" – die katholische Amtskirche meine ich – versucht an strategischen Orten eine besondere Werkshöhe ihrer Hervorbringungen, ein Copyright zu erzeugen. Dieses Präsentationsritual beruht auf technischen, aber nicht auf inhaltlichen Vorgängen. Diese technischen Vorgänge sind kinetischer Natur. Sie beinhalten Bewegung: die Bewegung einer Prozession; die akustische Bewegung des fliegenden Klanges über das Land, den Glocken verbreiten; die Bewegung, die andere Bewegung einschränkt. Zu Zeiten einer Prozession am Lande entfaltet sich nicht nur Prunk und Pomp und eine gewisse Farbenpracht, es entfaltet sich auch die Beherrschung des Raumes. Der öffentliche Raum wird von der Kirche eingenommen. Die Okkupation solcher öffentlicher Räume und die Art und Weise, wie dies geschieht, sind ein Machtritual, das insbesondere wieder auch deshalb Bedeutung erlangt, weil bestehende Autoritäten wie Parteien oder Staatsherrschaft langsam zurückgedrängt werden. Sie erlangen aber auch dadurch Bedeutung, daß der Mensch mit dem Verlust und dem Aufgehen der dörflichen Gemeinschaft im globalen TV-Cyberspace besonders intensive Sehnsuchtsschübe in Richtung Dorfatmosphäre und heimeligem Soziosound entfaltet. Und zu diesem Soziosound gehören nun einmal Kirchenglocken, Prozessionsgerassel, Predigttöne und das ganze olfaktorische Szenario von Weihrauch bis Kerzenduft.

Kirchliche Kommunkation erhebt den Anspruch der Monopolkommunikation. Das Recht haben und das „Recht" behalten dominieren. Die Suche nach Wahrheit ist durch den Glaubensanspruch nicht nur eine virtuelle, sondern ein ganz handfest politische-reale auf Erden. Die Predigt ist das Zentralorgan der Götter.

Die Kirchenkommunikation ist aber auch im Strukturellen ein Kapitel für sich. Neben der außerkirchlichen gibt es die innerkirchliche. In der innerkirchlichen Kommunikation sehen und hören wir in wiederholten Abläufen die Rituale, die in allen Glaubensgemeinschaften zu beobachten sind.

Es gibt oberste oder ein oberstes Wesen, auf das sich das Ritual immer bezieht.

Dieses oberste Wesen ist in den meisten Religionen nicht anwesend. Es ist das Wesen des Wesens, abwesend zu sein, und daher kann um das Wesen herum eine Struktur von gleichartigen und sich wiederholenden Stereotypien gebaut werden. Die Gebete, die eine Kommunikation einer Gruppe oder eines einzelnen mit dem obersten Wesen darstellen, stellen gleichzeitig eine Kommunikation der Anbetenden untereinander her. Sie schaffen die Übereinstimmung ihrer Gleichheit. Die Gebete drücken nicht nur aus, daß die eigene Vervollkommnung angestrebt wird, sondern daß dieses Vervollkommnung eine soziale, eine gemeinsame ist. Im Wort „Gemeinschaften“ ist wiederum ein ganz wesentlicher Kern der kirchlichen Kommunikation enthalten – das Gemeinschaftliche. Ohne dieses Gemeinschaftliche wäre die Kirchenkommunikation eine rein betriebliche Kommunikation, die wohl auch gemeinsame Ziele hätte, aber nicht „gemeinschaftliche“. Gemeinschaften eint nämlich im Gegensatz zum lediglich Gemeinsamen immer auch das Glaubenselement. Gemeinschaftlich hält man sich an etwas, gemeinschaftlich entscheidet man sich zu etwas, aus der Gemeinschaft heraus: weil die Gemeinschaft über einem steht, durch ein Gottwesen bestimmt. Das „höhere Ziel“ ist ein deutliches Element aller Glaubensrituale.

Nach außen hin zeigt sich die kirchliche Kommunikation in den Gebeten und in den Predigten. Die Predigt ist eine rituelle Rede, die ein ganz bestimmtes Ziel verfolgt.

Der Redner – so scheint es zumindest – strebt nicht für sich den Ruhm und die Ehre an, sondern für das höhere Wesen. Dadurch wird diese Predigt einer Kritikmöglichkeit im persönlichen Bereich enthoben, die Beziehungsebene wird zurückgedrängt, der Prediger zieht sich hinter das höchste Wesen zurück und spricht für „es". Das höchste Wesen spricht durch ihn. Er ist der Beauftragte. Als Beauftragter ist er weniger angreifbar. Daher ist die kirchliche Kommunikation im Bereich der Predigten ein ganz interessanter Spezialfall der „Entverantwortung" und der rituellen „End-Verantwortung" zum göttlichen Wesen hin. Wer innerhalb der Glaubensgemeinschaft würde schon das göttliche Wesen an sich kritisieren?

Wenn Sie versuchen, im privaten oder im beruflichen zu „predigen", gehen Sie den Gepredigten auf die Nerven. Vermeiden Sie es, Priester sein zu wollen, wenn es genügt, Mensch zu sein. Sie sind nur dann als Priester kommunikativ konkurrenzfähig und gehört, wenn ihr Produkt einen religiösen Charakter hat oder eine Heilsbotschaft beinhaltet. Dann dürfen Sie auch „appellieren." Denn *religio* heißt, sich rückbesinnen, und diese Gefolgschaft in die Religion, in die Besinnung, können Sie durch den Appell „Höret mir zu und glaubet jedes Wort" durchaus erzielen.

Die Gläubigen aller Religionen sind im Augenblick ihrer Andachten ein weltgeeinter Stamm der Kontemplativen.

Alle Gläubigen aller Religionen wissen, daß ihre Führungskaste ein Stamm der Gottgesandten ist, dem zu gehorchen eine Pflicht ist.

Es macht schon Sinn, den Sinn auch immer zu beschwören, denn diese Sinnbeschwörung ist eine Pumpstation zum Religiösen hin.

Wir Profanen müssen im Alltag das Predigen sein lassen. Vermeiden müssen wir alle Anstrengungen zur Ernsthaftigkeit, im Alltag ein Gesalbter zu sein. Genauso ist es zu vermeiden, ein „mit allen Wassern Gewaschener" zu sein.

Der Stamm der Prediger aller Religionen erkennt sich gegenseitig an.

3.2 *Machtkommunikation „Top down"*

Machtkommunikation ist getragen von einem Machtinhaber. Einem Machtwillen. Machtwilligen. Und mehr oder weniger Machtlosen. Die Machtlosen sind zum Schweigen und Gehorchen verpflichtet.

Ein Richter, der ein Urteil spricht, geht davon, daß dieses Urteil rechtskräftig wird. Er hat lediglich das Problem, daß eine übergeordnete Instanz dieses Urteil aus formalen oder inhaltlichen Gründen aufheben kann.

Grundsätzlich aber verbleibt in der Machtkommunikation ein Absolutum: Der Machtausübende hat gegenüber demjenigen, über den er Macht ausübt, einen eindeutigen Vorteil. Er ist dazu legitimiert in der einen oder anderen Form, entweder durch die Struktur, durch ein Gesetz oder auch durch seine gewußte Bedeutung, die dem Empfänger klar sein muß. Die Macht kann sich bereits durch mediale Übertragung ihrer Botschaft auf Sprache, Zeichen oder Symbole „verallgemeinert" haben, und so ohne jeweilige direkte Beteiligung des Urhebers ausgeübt werden.

Verkehrszeichen sind ja nicht Personen, sondern eine strukturierte Ordnung und Obligationskommunikation. Diese Machtkommunikation ist auch eine Überantwortung der demokratischen Stimmbürger an undemokratische Zeichen, die nicht mit sich diskutieren lassen, und eine Änderung der Voraussetzungen solange nicht zur Kenntnis nehmen, bis sie selbst als Zeichen aufgehoben oder verändert werden.

Als Demokraten übereignen wir einen Teil unserer Kommunikationsfähigkeit an eine „Macht", damit diese Macht für uns den Prozeß des Zusammenlebens moderiert und uns selbst an der Ausübung von Macht behindert. Wir müssen in dieser Erkenntnis, daß der Mensch die Macht aus der Hand geben muß, um Macht über sich behalten zu können, den Trost finden für die Ungerechtigkeit, die in Machtkommunikation enthalten ist. Wie oft fluchen wir über ein Strafmandat, wie sehr wundern wir uns über Verkehrszeichen, wie blöd finden wir strukturierte Ordnungs- und Obligationskommunikation. Diese muß deshalb mit Strafsanktion abgesichert sein, weil sie sonst nicht durchsetzbar wäre.

Eigentlich ein Paradoxon: Wir schaffen uns Regeln, die wir brechen wollen. Oder ist dies lediglich ein Zeichen einer entwurzelten, entsolidarisierten Gesellschaft, daß sie sich geschriebene und kommunizierte Regeln und definierte Rituale der Macht und Unterordnung geben muß, um lebensfähig zu sein? Liegt noch mehr dahinter? Müssen wir Regeln brechen, um uns lebendig, stark und glücklich zu fühlen? Ist Ungehorsam ein Beweis für die Fähigkeit, sich neue „verbotene" Orte anzueignen? Ist dies ein Element des Wachsens? – Ja!

Machkommunikation in nicht demokratischen Gesellschaften hat einen enormen Stellenwert. Sie erfolgt über Verlautbarungen in Zeitungen, über ausgestrahlte Befehlsausgaben im Rundfunk bis hin zur täglichen Befehlsausgabe, wie es zum Beispiel in Laos noch immer der Fall ist. Die Partei emittiert täglich ihre Art Tagesbefehl via generalakustischer Distribution mittels schlechter Lautsprecher.

Diese Form der Machtkommunikation ist allein schon durch die Tatsache gekennzeichnet, daß es keine Möglichkeit gibt, sich ihr zu entziehen. Die akustische Dominanz überwindet die häusliche Grenze. Gegen Schriften kann man sich schützen, indem man sie nicht liest. Gegen Bilder, indem man sie nicht sieht. Aber man kann seine Ohren nicht verschließen. Daher ist die Kommunikation der Macht das Schlüsselelement der Macht selbst. Sie können dem lauten Befehl nicht entgehen. Daher fürchten sich Machthaber vor „lauten" 100 Studenten auf der Straße viel mehr, als vor 100 Pamphleten, unter denen 100.000 Unterschriften stehen. Der Lärm irritiert, denn er ist die erobernde Macht der Kommunikation. Er durchdringt Widerstand. Der Lärm des Radios und des TVs ist die wahre Machtdemonstration der Kommunikation.

Da Kommunikation sich in hoher Geschwindigkeit verbreitet und bereits selbst Materie ist, erkennen Systeme, die

Macht effizient ausüben, daß die Präsenz der Macht und ihrer Zeichen das Unabdingbare ihrer Macht sind. Hitler und Stalin haben die Schnelligkeit und die Lautstärke als Machtgaranten erkannt. Sie waren anwesend, ohne da zu sein, denn ihre Sprache war da.

Macht ist eine Frage der sofortigen, nachhaltigen und konstant richtigen Strategien. Wer Macht hat, muß das Wesen der Macht beherrschen, um sie zu behalten. Der Machtinhaber muß wissen, wo die Bedürfnisse beginnen und enden. Er muß Grenzen kennen und verliert die Macht dann, wenn Grenzen kontinuierlich überschritten werden, und wenn von den der Macht Ausgelieferten ständig etwas verlangt wird, was diese nicht oder nur unter konstanter Anspannung aller Kräfte erfüllen können.

Die Stammesmitglieder der Stämme der Mächtigen kommunizieren immer eine Botschaft *vor* allen Anliegen: „Ich habe die Macht." Erst dann folgt die Mitteilung dessen, was durchgesetzt oder aufrechterhalten werden soll. Die Schlüsselspieler der Macht sind durch besondere Kennzeichen von den Machtadressaten abgehoben. Sie tragen Roben wie die Richter, sie sind durch besondere arbeits- und standesrechtliche Bestimmungen gegenüber den Normadressaten unterschieden und geschützt. Sie tragen Uniform und dürfen verbriefte Rechte mehr oder weniger verletzen – bloß auf Verdacht hin darf das Freiheitsrecht eines Bürgers durch den Machtvertreter beschnitten werden. Die Politiker tragen dunkle Anzüge; nur jene, die der Macht einen Witz entgegensetzten – die Grünen – haben sich auch als Witzfiguren (im guten Sinne) „ver"-kleidet.

Machtkommunikation versucht die Abläufe zu standardisieren (Gesetze) und durch Information eine Hinwendung zur Norm zu erzeugen. Das Eintreffen des Erwarteten ist für die Machtkommunikation essentiell – genauso ist aber die Abweichung für die Macht eine unabdingbare Notwendigkeit, damit sie sich ihrer immer wieder vergewissern kann – und diese Vergewisserung auch nach außen demonstriert.

Ein Bundeskanzler, der einiger Demonstranten gegen seine erklärte Absicht nicht Herr wird, der bleibt nicht lang in seinem Amt. Eine Partei, die ihr Programm nur auf dem Papier und nicht mehr bei den Wählern durchsetzt, verliert Stimmen. Ein Rechtsstaat, der ständig die Gesetze fahrlässig mißachtet oder Rechtsunsicherheit zuläßt, höhlt sich aus. Die Erstarrung führt zur Beharrung – und zur leeren, toten Rechtsmaterie, die hinter den gesellschaftlichen Wirklichkeiten herläuft.

Wenn die Macht sich aber in ihren Ritualen verselbständigt und die Wünsche und Wirklichkeiten jener, die der Macht demokratisch zur Macht verholfen haben, vernachlässigt oder mit ihnen nicht kommuniziert, kann die Macht nicht aufrecht erhalten werden.

Befehle geben kann nur der oder die, die sich der Macht in irgendeiner Weise verpflichtet fühlen. Eine Macht, die sich aushöhlt, höhlt die Verpflichtung der Strukturträger aus und bricht in sich zusammen.

3.3 Militärische Kommunikation

Nirgendwo sonst im gesamten Ritualhaushalt der Politik äußern sich die Mythen, Riten und Rituale so überdeutlich wie in der Verteidigung – vielleicht noch in der Werbephase des Menschen. Beide Pole – das Produzieren von Leben und das Vernichten desselben – haben die stärkste sichtbare Ritualproduktion.

In beiden Fällen geht es aber neben den Hauptzwecken um darunterliegende „Mittel, die den Zweck heiligen". Es geht um die Führung und Unterordnung.

Das machtteilige Denken beruht auf einer denkteiligen Macht: Laß die Offiziere und Soldaten nur jeweils soviel wissen, wie sie für die Ausübung ihres Tuns unbedingt brauchen. Da geht es um Führerschaft und Machtauren. Bei der

Strategie der Partnerwahl und der Partnerakquisition geht es auch um Eroberung – Eroberung zum gemeinsamen Wachsen, mit definierten Rollenzuweisungen. Die haben sich in den letzten Jahren verändert, aber nicht aufgelöst.

Im militärischen Sektor geht es um Eroberung und um das „Wachsen auf Kosten des Unterlegenen". Die militärische Disziplin ist also nicht nur ein Ritual, das ein Organisations- und Steuerungsproblem lösen hilft, sie ist vor allem auch eine Inszenierungsvoraussetzung für die Aufführung und die gesamte Theatralik der Macht: vom Stechschritt bis zu den Uniformen.

Das Federkleid der Protagonisten wird aufgeplustert, und allerlei Glitzersachen werden am streng geregelten Outfit der Macht und Machtstufen getragen.

Die militärische Kommunikation ist von Bulletins und „Befehlsausgaben" gekennzeichnet. Diese Befehlsausgabe geht vom militärischen Oberhaupt aus und pflanzt sich streng hierarchisch breiter – gemäß der Pyramide – nach unten fort. Niemand weiß mehr, als er wissen muß – das ist die napoleonische Auffassung von Informationsmanagement in den Truppenteilen, und jeder weiß ganz genau, was er wissen muß. Daher gibt es den militärischen Drill: er dient zur Verfestigung jener Abläufe und Wissensinhalte, die gewußt werden *müssen*. Das sind jene Teile der Information, deren Verteilung in den Kohorten und Gruppen, in denen diese Information verteilt wird, auch tatsächlich für alle gleich und gleichermaßen verteilt werden muß.

Das Militär agiert nach der Logik, die Orwell so treffend beschrieben hat: Niemand weiß alles. Und weil der einzelne mit der Suche nach „Gehorsam" beschäftigt ist, ist er mit der Suche nach der richtigen Information beschäftigt. Er darf ja nicht auffallen und abweichen. Daher ist der Soldat nicht frei, selbst in seiner freien Zeit ist er Soldat, der dem Militärrecht unterliegt.

Wir kennen aber auch im zivilen Sektor solches genau rationiertes und verteiltes Wissen: bei Feuerwehren, bei Mannschaftssportarten mit hohem Ritualablauf etc.

Das hat mehrere Gründe, aber einer davon ist, daß, neben den gruppendynamischen Kohäsionsprinzipien eines gleichen Wissens, auch ein vorhersehbares Verhalten eines anderen Individuums planbar wird. Wenn der Soldat oder der Arbeitspartner aus „der Deckung" springt, wird ein Partner schießen, um die Überwindung des ungeschützten Raumes zu ermöglichen.

Man kann solche Ideen auch in der betrieblichen Kommunikation einführen, den Stamm der „Soldaten" im Unternehmen gründen, jedoch gibt es dort die Schwierigkeit, daß aus kleinen Kompanien in Betrieben selbständige gegeneinander agierende Betriebs-(Truppen-)teile werden können, die ein Unternehmen eher lahmlegen würden. Paramilitärische Substrukturen in Unternehmen erweisen sich eher als kontraproduktiv, es sei denn, alle wissen davon, daß es eine „Spezialeinheit" im Unternehmen gibt, die für besondere Aufgaben eine besondere Art der Wissensverteilung und der Handlungsabläufe und daher Rechte hat. Denken wir an den Betriebsschutz, oder an spezielle Konstruktionsabteilungen, die solche paramilitärischen Geheimnisorte und Ritualorte sein dürfen, ohne das Gesamtgefüge zu lähmen oder zu behindern.

Der Soldat ist zu neuen Qualitäten aufgebrochen, auch wenn er immer noch aus dem unteren Bildungs- und Besitzesstand kommt. Nicht nur, daß er es buchstäblich in der Hand hat, die Welt auszulöschen, hat er dadurch auch notwendigerweise ein größeres Bild der Welt bekommen. Der ehemals napoleonische segmentiert beschränkte Soldat hat neuerdings ein „big picture" vom Ganzen bekommen. Dadurch erhöht sich sein Mitspracherecht über seinen Dienstgrad hinaus. Er ist nicht mehr nur Tötungsmaschinenteil, er ist auch der „politische" Denker, der Friedenssicherer geworden. All das ist nur durch die neue rangübergreifende Kommunikation, die wesentlich höhere Intelligenzen in allen Abläufen erzeugt, möglich geworden.

3.4 *Bildungskommunikation – die Akteure des „Belehrungsstammes"*

In den gut organisierten, hochentwickelten Gesellschaften ist Bildung nicht nur ein breites Privileg, sondern auch ein breites Disziplinierungsinstrument. Sie wird von den Besitzern der Gesellschaft programmiert und distribuiert. Bildung zur Freiheit ist Bildung zur Fähigkeit, Macht auszuüben, somit höchst politisch im Anspruch und in der Wirkung. Bildung hat aber einen noch weiter reichenden politischen Aspekt: Sie vermittelt die Fähigkeit, auch territoriale Macht auszuüben – das heißt, die Grenzen der eigenen Stammeskulutur zu überschreiten und mit anderen Stämmen in Verbindung zu treten. Bildung ist für die „Besitzer" der Gesellschaft das Risiko, den Adressaten der Bildung nicht genügend zu disziplinieren, sondern diese Adressaten an andere Stämme zu verlieren bzw. den loyalen Gehorsam nicht mehr einfordern zu können, weil eine Grenzüberschreitung und daher Flucht aus dem angestammten Bereich möglich wird. Gleichzeitig braucht es Gebildete.

Nur eine Gesellschaft, die sich bildet, kann eine erfolgreiche Gemeinschaft bilden. Staatsbildung auf hohem Niveau ist nur mit Gebildeten möglich. Kurzsichtige Macher vergessen oft, daß die Niveaustufe der Corporate Culture eines Landes – die „State Culture" – in hohem Maße von den „Hoch-Gebildeten" abhängt. Kurzsichtige Staatskapitäne demotivieren und deprivieren diese Gebildeten und betreiben Freiheitsberaubung, indem Bildungsvorenthaltung betrieben wird. Dort, wo die Organisation der Gemeinwesen den Bildungsfeinden überlassen wurde und wird, ist die Gesellschaft unweigerlich ein Debakel. Ein Land ohne Akademie der Wissenschaften und ohne Stimme der Weisen ist wie ein Stück rohes Fleisch in der Sonne: es stinkt zum Himmel.

Bildungsfeindlichkeit richtet Mauern auf. Die Mauer in Herzen, Köpfen und Seelen filtert das Fremde weg.

Bildung als Kommunikationsfähigkeit mit allen und mit der Frage: „Wo bekomme ich die Information, die ich brauche und wie nütze ich sie?“ wird das Ziel sein müssen. Bildung ist Wachstum. Aber dieses wird behindert, wenn die Bildung zur Machtfestigung oder Stagnation des Systems führt.

Informationsmüll in Bildungssystemen führt zur geistigen Umwelt- und Innenweltverschmutzung.

Was lernen wir in Europa? Daß das amerikanische Schulsystem das schlechteste der Welt sei. Es ist verwunderlich, daß die meisten der heutigen „Ideenimpulse“ und praktischen Erfindungen aus Amerika kommen. Warum? Nur weil es dort genügend Geld für Forschung gibt? Falsch. Die Frage lautet:

Warum gibt es dort Geld für die Forschung, warum darf man in den USA ein Held sein wollen und in Europa nicht? Stellen wir uns doch einmal diese Frage, und wir merken, daß in unserer mitteleuropäischen feudalitätsabgestammten Kommunikation die Unterdrückung des Individuellen enthalten ist. Verbote dominieren das Bild. Wir werden zum Gehorchen und Zweifeln gebildet. Die Grenzen und Limits stehen als ständige Kommunikation im Vordergrund. Das vorauseilende Erwarten eines Versagens ermutigt überdies nicht gerade zu Experimenten. In den USA werden wenig Ressourcen in die Überqualifizierung von Friseuren investiert. Es werden auch weniger Energien und Mittel in die „Grenzziehungserziehung“ investiert, sondern eher in die „Entgrenzung“ – in den Aufbruch.

In vielen europäischen Schulen lernen Kinder, was alles *nicht* zu tun ist. In den dänischen oder holländischen vielleicht eher ausgenommen. Das Verbotslernen überwiegt das Chancenlernen. Die Verhinderungskommunikation und die Kommunikationsverhinderung sind Geschwister. Sie zielen darauf ab, Wissen und Zugang zum Wissen zu filtern und Hierarchien aufzubauen, über die sich Macht organisieren und verteilen läßt. Das ist der Fehlweg der Kommunikation.

Diese Kommunikation ist leicht zu erkennen, jeder für sich kann sie unterlaufen und dadurch in ihrer Richtung verändern.

Bildung im Idealfall ist die Fähigkeit, „Fremdes" zum Eigenen zu machen.

Dies scheint mir überhaupt eine Schwäche der Lehrer und Bildungsvermittler aller Sparten zu sein: die mangelnde Bereitschaft, sich mit Fremdem wirklich auseinanderzusetzen, um mit diesem Fremden und den Fremden als „Nichtmehrfremde" kommunizieren zu können.

Bildung ist ja die ständige Konfrontation mit „Fremdheiten". Das Unbekannte, das ich nicht kenne, soll zum Vertrauten werden. Der Stamm der Ungebildeten, die sich nicht austauschen wollen oder können mit der Welt, soll in Stämme der Kenntnis und des Austausches verwandelt werden.

Bildung ist daher das allerpolitischste Instrument für die Organisation der Welt. Die Kultur der Bildung ist eine Kultur der Staatenverbindung. Wer die Bildung steuert, steuert die Prozesse der Austauschfähigkeit mit anderen Systemen – eben mit anderen Stämmen.

Wenn sich eine Demokratie bildet, so kann dies auf zweierlei Weise geschehen. Einerseits von unten herauf – das ist ganz selten. Oder von oben herab. Der Unterschied ist auch festgeschrieben in den Aussagen der Verfassungen. „We, the people …" (US-Verfassung) heißt, „Wir, das Volk" uns selbst als solches zu begreifen und uns eine Verfassung zu geben. In den europäischen Verfassungen ist die Einleitung der Präambel immer vom Satz „Alle Macht geht (nun) vom Volke aus" gekennzeichnet. Das heißt, ein resignierender Feudalherr gibt seine Macht auf, läßt sie auf das Volk übergehen, um mit Zustimmung des Volkes zumindest seine Pfründe und seine Einkommensmacht zu erhalten, ohne die politische Macht zur Gänze ausüben zu können. Er dekretiert sozusagen, daß nunmehr alle Macht vom Volke ausginge: ein von oben verordnetes Zugeständnis an sich ändernde politische Realitäten. Ein mühsamer Emanzipationskampf der Mehrheiten steht hinter solch einem Satz. Revolutionäre, beispielsweise marxistische Verfassungen haben ihren Souverän ebenfalls hineingeschrieben in ihre staatlichen Leitbilder und Mission statements: „Die Partei … als Avantgarde des Proletariats."

Wenn wir seine Verfassung lesen, können wir die politische Verfassung eines Landes erahnen. Wo die Demokratie in guter Verfassung ist, ist auch die Verfassung gut. Denn die Verfassung ist das Treatment für die Gestaltung eines Staates. Es schreibt den Rahmen für die zu inszenierenden Rituale vor.

Ein Volk, dessen Macht aus sich selbst kommt, handelt anders als eines, dessen Macht von jemandem auf Druck des Volkes widerwillig zugeteilt wurde.

Wie ein Volk den Staat bildet, so bildet der Staat sein Volk.

3.5 Das Arbeitgeber–Arbeitslosen-Ritual

Hier spreche ich einen praktisch-politischen Bereich an. Rituale sind ohnedies politisch. Aber das derzeit politischste aller Rituale ist das Arbeitslosen-Arbeitgeber-Ritual. Basierend auf der Tatsache, daß die „Kosten sozialisiert und die Profite privatisiert" (Chomsky, „Haben und Nichthaben") werden, geschieht etwas Phänomenales. Das größte gesellschaftliche Projekt der derzeitigen Ära ist die Reprivatisierung des öffentlichen Bereichs, der triumphale Erfolg des Kapitalismus über sozialistische oder sozialdemokratische Tendenzen. Das ist nicht nur zu bejubeln! Das ist auch zu betrauern. Selbst für kleine Kapitalisten im Herzen ist das zu bedauern. Natürlich nicht für die großen. Aufgrund der technischen Voraussetzungen und der technischen Entwicklung ist die Organisation dieser Abläufe unglaublich effizient möglich. Die technische Entwicklung ist aber nicht Verursacher dieser Entwicklungen! Das wird kaum auseinandergehalten, und dieses Nichtauseinanderhalten hat auch Methode.

Ich will es aber nicht zu kompliziert machen. In den Medien vergeht kein Tag, in einer Politikerrede vergehen keine fünf Minuten, ohne daß nicht das Wort Arbeitsplatz, Arbeitsplatzsicherung, Arbeitsplatzentwicklung oder ähnliches fallen würde. Dies ist eine massive, interessante ritualisierte Propaganda. Und es ist das Zeichen, daß der Kapitalismus die lernfähigste Organisation schlechthin ist. Um seine Propaganda nicht ähnlich effizienzschwach wie jene der totalitären Systeme zu gestalten, propagiert der Kapitalismus in seiner rituellen Kommunikation niemals einen Überfluß, sondern stets einen Mangel; einen Mangel inmitten des Überflusses. Wir haben genug Reichtum und wir hätten genug Arbeit, um sie unter allen zu verteilen. Der Kapitalismus malt das Schreckgespenst der für diesen Prozeß notwendigen Bändigungsstrukturen an die Wand (keine Freiheit!). Die sogenannte freie Marktwirtschaft und ihre Hauptprotagonisten, die mit Regierungen Schlitten fahren können (Chomsky), haben ein phantastisches Kommunikationsritual entwickelt. Sie lamentieren über die Arbeitsplatzsituation, um von der öffentlichen Hand (also von den Arbeitslosen und den Arbeitenden) Fabriken und Infrastruktur bezahlt zu bekommen. Rituell wird eine Fabrik eröffnet, die Arbeitsplatzbeschaffung gelobt, das investierte Kapital im Eilzugtempo zurückverdient, und nach einigen Jahren wird die Fabrik wieder geschlossen. Dieses „Wir schaffen Arbeitsplätze, gib uns Geld aus öffentlichen Töpfen, wir bauen eine Fabrik, irgendwo anders wird billiger produziert, wir schließen die Fabrik, der Staat schießt noch einmal nach, es geht trotzdem nicht"-Ritual ist ein faszinierendes und durchgängiges. Und ein tolles Umverteilungsritual von Arm zu Reich.

3.6 *Das Politik–Sport-Ritual*

Sport ist eine wunderbare zweiseitige Medaille. Beide Seiten strahlen gleich hell. Kopf oder Adler? Dies ist hier einmal ausnahmsweise nicht die Frage, denn der Sport ist der Krieg mit anderen Waffen. Im Sport sind daher auch alle Rituale des Krieges vertreten. Er trägt die Sprache des Krieges. Es herrscht die Mobilisierungstiefe des Krieges. Er versammelt Truppen an einem Ort, er erzeugt die Gefühle des Gemeinsamen. Er lenkt von wesentlichen Dingen ab, er konzentriert auf einen Weg und ein festgeschriebenes Ziel. Und er hat die Regeln, denen wir uns beugen, gerne beugen, weil wir sie kennen und weil sie in uns Ordnung schaffen und den Erklärungsaufwand reduzieren. Die Feldherren des Sports sind hochbezahlt und ganz eindeutig auch in den medialen Ritualen an die Politik gebunden. Wie nirgendwo sonst wird je nach Wichtigkeit der Schlacht der Feldherr durch die Anwesenheit der Staatsmänner und Staatslenker motiviert und geadelt und auch in seiner Rolle gestützt. Die kleinen Schlachten dienen zur Standard-Propaganda bzw. sind Routine-Material für Medien.

Sportrituale haben noch eine Dualität: die der Aktivität und jene der passiven Sportrituale.

Passive sind diejenigen, die wir als Teilnehmer sozusagen erleben und die den Sport als Katalysator haben.

Die aktiven sind jene, in denen wir als Akteure eine Rolle wahrnehmen und ausfüllen.

Die besten im Sport werden zu Vorbildern, denen nachzueifern sich sowohl als passiver Zuschauer und als aktiver Sportler geziemt.

Im Sport sind Angriffsrituale und Verbrüderungsrituale so angelegt, daß eine Gesellschaft wie in einem Labor lernen kann, aus welchem Holz die Wirklichkeit außerhalb des Sports geschnitzt ist.

Sie ist eine Angriffs- und Verteidigungswelt, eine Trennungs- und Vereinigungswelt.

Besondere Rituale im Sport sind in besonderen Ländern zu beobachten: Politische Systeme, die erfolgreich sind, produzieren gute Sportler. Aber auch politisch erfolglose Systeme produzieren Sportgrößen.

Es verwundert nicht, daß die Machtinhaber aller politischen Lager sich gerne mit dem Sport verbinden: er funktioniert einfacher als die „verstörende" Kultur. Er beruhigt die Nerven, weil er ein Kampf ist, der nach Regeln abläuft und dessen wichtigste Regel die Definition eines Endes ist. Ein Fußballspiel dauert 90 Minuten – mit definierten Ausnahmen; ein Boxkampf geht über eine bestimmte Anzahl von Runden. Die Prognose über das Ende ist möglich, über den Ausgang darf spekuliert werden, und man kann ohne Probleme die Lager wechseln und einmal ein Fan des einen und dann ein Fan des anderen Clubs sein, ohne gleich die Staatsbürgerschaft oder gar das Leben zu verlieren.

Zum Sportritual gehört meistens die Geschwindigkeit. Die Kinetik. Die Beherrschung des Körpers auf der Zeitachse. Die Zeitabläufe und Einheiten im Sport und in der komplexen, außergewöhnlichen Bewegung, bezogen auf ein Meßkriterium oder einen Gegner, nennt man „Timing". Weil es um das essentielle Nützen der möglichen zur Verfügung stehenden Zeit geht, sind auch die dem Sport nachbarlichen Tätigkeiten, die im Bereich der Kinetik stattfinden, großzügigst dotiert. Alle Meister der Geschwindigkeit und des Ortswechsels, vom Piloten bis zum Schauspieler, sind gut bezahlte Systemsoldaten bzw. Gladiatoren.

Daher sind allen jenen, die durch Timing und das gewußte Einsetzen von Zeit agieren, auch weite Privilegien jenseits der Einkommen eingeräumt. Die Öffentlichkeit ist mit glamourösen, schnellen Aktionen der Gladiatoren – auch im Privaten – einverstanden und erachtet schnelle Ortswechsel, schnelle Partnerwechsel (bei den extrem zeitbeherrschenden Schauspielern) als Berechtigung, die aus der Hingabe der Energie an die Zeit entsteht.

Das Sinnbild des Nichtverweilens, verdichtet im Rennfahrerimage, ist eines, das ständig in Bewegung ist: auf der

Rennpiste und rundherum. Sie eilen von einem Ort zum anderen, lösen sich von der Verweilzeit an einem Ort, berühren diesen nur kurz, weil die Zeiteinheit, in der sich Rennfahrer während des Rennens an einem Ort aufhalten, rechnerisch gegen Null geht. Ich überlasse es einem Mathematiker, auszurechnen, wie lange ein Reifen mit seiner Auflagefläche von maximal 10 cm^2 bei Tempo 320 km/h am jeweiligen Auflageort „verweilt".

Als der Fußball zum hochenergetischen Dauerlauf von zumindest 20 Akteuren wurde, hat sich auch das Spiel attraktiviert und wurde dadurch besser dotiert. Dies hat zu einer höheren Mobilität der Akteure insgesamt geführt. Die Fußballer selbst wurden „mobilisiert". Sie konnten von einem Land ins andere verkauft werden, und dennoch via Flugzeugtransport der heimischen Nationalmannschaft in Entscheidungsschlachten zur Verfügung stehen. Geld war und ist für diese Energie genügend da. Denn die Gladiatoren *dürfen* nicht reisen – sie *müssen* es, um ihren Wert zu demonstrieren. Der Wert am Weltmarkt ist nicht die Beharrung, sondern die Bewegung.

Sportereignisse sind nicht nur Zuschau-Spektakel. Sie sind Vergewisserungsrituale für das Gemeinsame, die Gottesdienste des Sozialen; die Gebete der Gläubigen einer Nation oder eines Stammes; die Feste, in denen die akustische und olfaktorische Stallorder ausgegeben wird.

Deutlich wird dies auch semantisch: Zuseher *pilgern* zur Veranstaltung, die der Katalysator für die Fusion der Gefühle zu einem einzigen ist.

Das ist als Vergewisserungsritual lebensnotwendig für eine Gruppe einander zugehörender Einzelmenschen.

Natürlich gibt es auch den Mißbrauch in der Inszenierung. Den Gottesdienst des Bösen. Denn wie wir wissen, gibt es auch den Glauben ans Böse, den Götzendienst zum Teufel, die Anbetung des Schwarzen Loches, in dem alles Gute verschlungen wird und die Welt zum Stillstand kommt.

3.7 Olympia – machtvoller Kriegsersatz

Olympia findet alle vier Jahre statt. Olympia ist die weltweit einzigartige tolerierte, ja sehnlichst herbeigewünschte Substitutionsdroge für Krieg. Ähnlich wie der Fußball in den nationalen Gesellschaften zur Auslebung des Kampfes auf einer anderen Ebene animiert und diese ermöglicht, ist auch Olympia das Ausleben eines Krieges und Kampfes. Allerdings auf einer wesentlich größeren, auf der globalen Ebene. Unterschiedliche, kulturell differente, ansonsten auf völligem Inkompatibilitätslevel agierende Nationen können im olympischen Wettkampf gegeneinander antreten.

So ist der Krieg möglich, ohne allzuviel Blut zu vergießen. Die sportliche Elite eines Landes – in der Regel emporgekommene Kinder aus den untersten gesellschaftlichen Schichten, mit Ausnahme einiger Elitesportarten – treten gegeneinander an. In Einzelsportarten. In Mannschaftssportarten. Weil sie in der Regel emporgekommene, besonders fähige und daher auch belohnte Mitglieder der Gesellschaft sind, repräsentierten sie auch jenen Teil der Gesellschaft, der in einem ernsten Krieg an die Front ziehen müßte: die Unterschicht. Die Elitesportler im olympischen Kontext verkörpern die Offizierskaste. Die Reiter gleich wie die Zehnkämpfer.

Der Einmarsch der olympischen Gladiatoren hat noch viel mit der Ritterlichkeit des Kampfes zu tun. Das Turnier, bei dem es darum geht, wer die nächsten Jahre die Regentschaft übernimmt, erfolgt auf der Basis eines sehr zivilen und zivilisierten Ritus. Mit Beflaggung und besonderer Kleidung (der Kriegskleidung der Anmarschierenden – nicht zu verwechseln mit der Kriegskleidung der dann Kämpfenden!) kommen die Gladiatoren in das Stadion oder in eine spezielle Arena, die für den „Kampf" geschaffen wurde.

Gemessen wird der „Kriegserfolg" in Medaillen. Und für das Olympische Komittee in Geld. Hier kann es das IOC mit jeder Waffenschmiede aufnehmen.

3.8 Fußball und Politik

Fußball als Methadonprogramm des Krieges ist eine rituelle Orgie im gesamten Spektrum der Fremd- und Eigendrogenzufuhr.

Auf jeden Fall ist er die im Frieden bei weitem kriegerischste Versammlung von Menschen.

Es geht nicht um die 22 wohlbezahlten, wohlbeschuhten und rituell auf dieses Hochamt der kriegerischen Auseinandersetzung vorbereiteten Gladiatoren, es geht um die Erlebnisse von Masse-sein in einem Sound von „wir", in dem das Ich verschwindet und dennoch triumphal als Teil eines größeren Ganzen wiederaufersteht.

Wenn das Fußballfeld als Unifikator und Einiger der Masse agiert und den Stamm der Fans unifiziert, ihn gleichsam abtrennt vom Stamm aller „anderen", eben der Feinde, dann bebt die Moral in den Grundfesten. Dann wird aus Menschen eine einzige potentielle Tötungsmaschine, ein triviales Instrument, das, hochgefahren in den Olymp der Kriegshetze, nicht mehr leicht gebremst werden kann.

Es ist seltsam: Proletarier bilden sowohl im wirklichen Krieg als auch am Fußballfeld die Armee.

Der eine Stadionteil wird zum anderen, alle wissen und fühlen das gleiche. Sie sind miteinander. Eins in der Masse.

Fußball ist ein Mannschaftssport und Mannschaften stehen für etwas. Kein Mensch interessiert sich für eine Auswahl Baden-Württemberg gegen Piemont oder Korsika gegen Friesland. Es geht um die Mobilisierung von großen Gefühlen in großen Schlachten. Daher werden große Hymnen gesungen. Jetzt, wo Europa zusammenrückt, verlieren die europäischen Nationalmannschaften ein wenig an Bedeutung, aber die Europäischen Pokale gewinnen an Wichtigkeit. Die Mannschaft steht für eine Stadt. Die Stadt wird zum Staat. München, Mailand, Madrid, Barcelona oder Amsterdam und Manchester. Hier geht es um ein Turnier, das die Besten Europas ausfindig macht und die Helden kürt. Stellen Sie sich vor, beim Schifahren würde bei jedem Läufer die Nationalhymne gespielt werden. Das ist nicht nur aus praktischen Gründen unmöglich, sondern auch aus mytho-logischen. Hier ist wirklich die Logik des Mythos oder der Logos des Mythos, nämlich sein Zeichen, zu dekodieren. Der Einzelsportler kämpft für sich und nicht für sein Land. Selbst wenn wir die Nationalmannschaft immer wieder auch und gerade im Schifahren auf das Land verpflichten, weil sie unser Aushängeschild ist: In Wirklichkeit fährt jeder Läufer für sich. Die virtuellen Verpflichtungen zu einer mannschaftlichen Darstellung äußern sich im Nationencup oder allenfalls im Medaillenspiel bei Weltmeisterschaften.

Fußball jedoch ist das Hochamt der Nationalideologien. Kroatien wird über eine Weltmeisterschaft wieder zur Nation, Frankreich wieder zur Grand Nation.

3.9 Schifahren

„Mia miaß ma hoit dann mea anschiebn und schaun, da ma mia des richtige Waxl dawischen, dann wird 's scho gehn." (Hermann Maier, 4. 12. 1998, Whistler Mountain)

Beide, Schisport und Fußball, sind in Österreich Mannschaftssportarten, wenn auch aus unterschiedlichen Gründen. Vom strukturellen her ist Schifahren selbstverständlich eine Einzelsportart, aufgebaut auf die Leistungskonzentrationsfähigkeit des einzelnen: „Du mußt hier und jetzt funktionieren!" Da aber Schifahren ein derart wichtiges identitätsstiftendes Ereignis in diesem Alpenland ist, wird der einzelne Schifahrer seiner Privatheit enteignet. Er darf nicht für sich fahren und gewinnen. Noch immer, auch in Zeiten des individuellen Egoisten, in Zeiten der Akzeptanz der Tatsache, daß der fähige einzelne das gesunde Ganze trägt, ist Schisport eine Staatssache, und als Staatssache ist der Schisport nicht individuell, sondern kollektiv. „Unsere" Schi-Nationalmannschaft. „Unser" Abfahrtsteam. „Unsere" Damenriege.

Während beim Fußball allein von der Anlage des Ablaufsystems elf Spieler dazu verurteilt sind, zueinander in möglichst effizienter Form organisiert zu sein, ist beim Schisport nichts anderes als die Kopf-Bein-Instinktkoordination ausschlaggebend. Und noch etwas: das „Über-Wir" des Schi-Nationalteams, der Staat. Wie stark und wie prägend diese Rolle ist, haben wir an Hermann Maier gesehen. Seit Hermann Maier, der ganz gegen alle Regeln und Gewohnheiten ein Spät-Quereinsteiger war, ein äußerst erfolgreicher noch dazu, hat sich die persönliche Inszenierung radikal gewandelt. Damit prophezeie ich auch die Abnahme des Erfolges, denn wer sich in einer Mannschaft verstecken muß – und es auch tut –, kann nicht ständig als einzelner vorne stehen, das ist ein Widerspruch in sich. Maier, der früher herzhaft sprach: „I wer ma des anschaun, i wer do obe foan, i hob 's probiert, jetzt schau i amol weita ..." hat in seinem Sprachgebäude früher ausschließlich Bausteine verwendet, die ihn selbst meinten: seine Fähigkeit, seine Gedanken, seine Hoffnungen. Heute spricht Maier von „Mia wern schaun", „Mia wern foan". Diese Enteignung und vor allem die Schnelligkeit, mit der sie vor sich ging, ist verblüffend. Der Preis, den Maier dafür zahlt, ist einerseits hoch, was er gewinnt, aber auch: er hat plötzlich Spaß und Freude und kann mit seinen Kollegen nächtliche Radtouren machen. Das ist die Ventilfunktion eines Teams: zusammenstehen, gemeinsam an einem Ziel arbeiten, heuchelnd so tun, als wäre die eigene Leistung nicht so wichtig wie jene des Teams. („I gfrei mi, wenn wieda amol die Ingrid am Stockerl is", Sabine Egger)

Gleichzeitig, und das ist das Schizophrene, sucht die Nation nach Stars. Maier war ein solcher. In ihm waren die Hoffnungen, über sich hinauszuwachsen, verkörpert, und gleichzeitig erfüllt Maier die Hoffnung, auch wieder zurück hineinzuwachsen in das Bodenständige. Franz Klammer war immer ein Bodenständiger – und ein „versteckter Egoist", der seinen unbändigen Willen, zu gewinnen, auch hinter einem gewinnenden Lächeln und einer „Wir-san-wir"-Rhetorik verbarg. Klammer, der hinauswuchs über die Weltelite und niemals seinen heimischen Dialekt verlor, trotzdem aber niemals das „wir" in Interviews vergaß, war ein Held der Nation. Er war „ich" genug, um das „wir" spielen zu können, was ich der infantiler gewordenen Sprachkultur des Hermann Maier derzeit (12/98) nicht zu entnehmen vermag.

Klammer war der Bauernbub, der ein Recht auf seinen Erfolg hatte, weil er jeden Erfolg seiner Mannschaft und der Nation schenkte. Um wieviel spröder war da die Liebe zu Karl Schranz, der ein erklärter und bekennender Egoist war und blieb. Die Rache der im selben Schema denkenden olympischen Familie war verheerend. Erst unter dem Eindruck des Ausschlusses von Karl Schranz kam unter der Bevölkerung das „Waldheim"-Syndrom in Gang, eine nationale Empörung – verständlich, wenn man ein Land seiner einzigen Helden beraubt, auch wenn diese Helden auch im Land selbst nicht nur Zustimmung finden. Vielleicht ist das auch ein Wesen der wahren Helden, daß sie nicht nur in der Gemeinschaft, sondern auch außerhalb der Gemeinschaft stehen, ihre eigenen Interessen verfolgen und sich treu bleiben. Maier verliert derzeit gerade seinen Status des Helden; er wird in der Mannschaft aufgehen und vielleicht dort in seinen Leistungen eingehen.

Hahnenkamm-Rennen, Kitzbühel. Wenn nicht gerade Olympia in Österreich ist, und das ist nicht sehr oft, oder eine Weltmeisterschaft, und auch die gibt es nicht sehr oft, dann muß Kitzbühel herhalten für die rituelle Pilgerfahrt der Stammeshäuptlinge. Der Stamm der nationalen Politiker, der Stamm der lokalen Politiker, der Stamm der Filmschaffenden und Medienarbeiter, aber auch der Stamm der Wirtschaftstreibenden: sie kommen in Kitzbühel zusammen, um nicht nur sich selbst einer Gemeinschaft zu vergewissern, sondern auch jene durch ihre Präsenz zu beglükken, die das Hochamt der Schikirche – oder profaner ausgedrückt: die Ritter der Streifrunde – verehren und sich unter ihrem Zeichen versammeln.

Die Nation blickt auf einen Punkt, die Zuwendung ist genau getimt. In ganz Österreich wird um die Mittagszeit, wenn das Ereignis stattfindet, der Kopf in eine Richtung gelenkt: zum Fernsehschirm; werden jene beneidet, die live dabei sind, und wird mit jenen gezittert, die das Unerhörte wagen, bloß um eine ganze Nation zu vereinen! Das ist schon ein Wir-Gefühl, das weit über das Ich hinausgeht! In dem schwingt auch der Stolz mit, daß uns andere bei dieser nationalen Feier beobachten. Medien berichten und Österreich wird wichtig. Wenn dann noch einer aus der heimischen Ritterschar das Turnier gewinnt, fliegen ihm nicht nur die Herzen und Geldbeutel zu, nein, er bekommt auch noch einen Sonderstatus: Er ist ein Held, zumindest für ein Jahr.

Werden unsere Fahrer (wird unsere Mannschaft) von einem Ausländer geschlagen, machen wir als zivilisierte Nation gute Mine zum bösen Spiel. Auch das gehört zum Ritual, für das Unterliegen gerüstet zu sein und Anstand zu bewahren. Natürlich wird spekuliert, ob die anderen Wunderwaffen hatten, Segen von oben, weil die Sonne gerade herauskam und die Piste schneller machte, oder Rückenwind.

So ist Kitzbühel auch die wichtigste Pilgerstätte des Schisports in Österreich.

3.10 Das Großkapitalritual

Ein völlig neues Ritual für Österreich. Die wohltuende Abwesenheit des Großkapitals in Österreich hat dazu geführt, daß es keinen Schweif gab, der mit dem Hund wedelt. Es gab kein Unternehmen, das stark genug war, um den Staat vor sich herzutreiben, sieht man einmal davon ab, daß es ein staatliches Unternehmen selbst gab, das den Staat an den Rand seiner Leistungsfähigkeit brachte (VOEST).

Aber es gab keinerlei Unternehmerpersönlichkeit, die in diesem Staat über seinen Strukturen und seinen Organisationen thronte und diese veranlassen hätte können. Das Kapital hat sich in der Sozialpartnerschaft gezähmt verhalten – verhalten müssen, da es auch zu 35 % ein staatseigenes Kapital war, von den Stahlwerken bis zu den Banken und Großküchen oder Stadtwerken in kommunaler Hand. Diese Sozialpartnerschaftsrituale (s. Seite 35 ff.) haben zu einem Ausgleich der Interessen geführt und durchaus nutzensstiftenden Charakter für die Republik gehabt: die Staatsbildung, die Identitätsbildung, auch das Schaffen von Kontinuitäten und Gewißheiten für investiertes Kapital, sodaß die Kapitalflucht in Grenzen bleiben konnte. So ist es nicht zufällig, daß es auch mit dem Ende der Sozialpartnerschaft drei Phänomene gab: das Karl Wlaschek-Phänomen, das Friedrich Flick-Phänomen, aber vor allem das Frank Stronach-Phänomen.

Frank Stronach ist der erste Unternehmer, der ohne viel Umschweife in Österreich zur Sache kommt: zur Kapitalrendite. Er benützt Österreich und seine Strukturen in sehr gekonnter Weise und zockt auch dieses Land und seine Bewohner extrem gekonnt auf zwei Seiten ab – einerseits wird er sie als direkte Investoren benützen (für seine Freizeitprojekte), andererseits zapft er öffentliche Gelder in einem Ausmaß an, das es ihm ermöglicht, seinen Shareholdern die Etablierung seiner Firmen in Österreich schmackhaft zu machen. Seine Strategien haben die rituelle Involvierung der Politik gefordert und haben diese Republik letztlich auf den Kopf gestellt. Gemeinsam mit Dichand beeinflußt Stronach derzeit maßgeblich die Politik dieses Landes. Die Rituale bedürfen einer Umschreibung, das heißt, die Sozialpartnerschaft wird auf eine Stronach- und Staatspartnerschaft umgeschrieben, und man wird sich fragen müssen, welche Worte und welche Orte Stronach wählt.

Stronach kauft sich Österreich ähnlich einem Raufbold, der sagt: „Den werd ich mir kaufen ...“ Er rauft um Anerkennung und Macht und ist gescheit genug, zu erkennen, daß Österreich mit Großkapitalisten nicht umgehen kann. Die Sozialisten können den wirklichen Kapitalisten, die nicht durch Netzwerke und mehrgenerationenlange Bekanntschaften und informelle Kanäle gebändigt werden, nichts entgegensetzen.

So schaltet Stronach alle Gegner aus, weil sie nicht mitbekommen, wie sie ihm beikommen können.

Er ist einfach zu clever. Er ist ein Herr der Shareholder Value Company. Er führt seine Company nach dem Prinzip der Kapitalmaximierung und suchte sich strategisch dazu einen schwachen Gegner aus: sein Land, dessen Mentalität und Schwächen er erkennt.

Er nutzt dabei eine merkwürdige Gesetzmäßigkeit: Die Gesellschaften funktionieren nach einem bestimmten Prinzip, nämlich nach dem Führerprinzip, auch wenn die Demokratie oder gar die Hyperdemokratie dies zu widerlegen scheinen.

Ein simples Beispiel:

Der Direktor einer Firma war bis vor einer Generation ein unumschränkter Herrscher seines Betriebes. In der Manier aufgeklärter Despoten wurden die Geschicke des Unternehmens sowohl zum Wohle der Mitarbeiter als auch der Gesellschaft geführt, weil aus dieser Nutzensstiftung der Profit erwuchs.

Die Mitarbeiter waren auf Gedeih und Verderb dem Betriebsleiter ausgeliefert.

Heute sieht das Szenario anders aus.

Die Mitarbeiter sind viel mündiger geworden, aber dafür viel weniger geschützt.

Sie haben die Freiheit. Auch jene des Verlustes.

Der CEO hat sich hingegen als „Machtgott" halten können, weil er die Klugheit und den strategischen Überblick hatte, und gleichsam das politische Gespür. In fast allen Fällen ist der CEO männlich, und das hat auch mit Geschichte und Anthropologie zu tun, mit den Funktionen der Menschen unterschiedlichen Geschlechts – ob es uns gefällt oder nicht.

Der CEO hat seine Macht intern verloren. Er entscheidet zwar über das Schicksal der Menschen, aber diese entscheiden noch mehr selbst über ihr Schicksal als je zuvor.

Dafür hat der CEO an externer Macht gewonnen. Wohl ist er für das Wohl seiner Shareholder verantwortlich – ähnlich wie früher für jenes seiner Mitarbeiter (als man eine technische Ausrüstung bemannte und nicht umgekehrt einen Mann ausrüstete) – aber die Shareholder haben nichts zu sagen, was das Operative des Betriebes angeht. Sie können nur hoffen.

Der CEO hat seine unumschränkte Macht dadurch ausweiten können, denn seinen befreiten Mitarbeitern (die er oft von Arbeit befreit, um dieselbe an die kristalline Intelligenz von Netzwerken auszulagern) droht er unverhüllt mit der Macht der von ihm vertretenen und von ihm immer wieder gegenüber den Arbeitskräften (Workforces) interpretierten Shareholder. Den Shareholdern geht es ja nicht wirklich darum, pro Coupon mehr Profit zu machen, sondern es geht ihnen darum, daß die Prognosen eintreffen. Dafür sorgt der gottähnliche CEO. Er hat für die allwissende Voraussage zu sorgen und vor allem für ein Eintreffen seiner Prophezeiung. So ist ein CEO ein Prophet geworden, der seinen Anhängern die Religion des Profits nahezubringen hat – nicht mehr jene des Schutzes oder der Individualität.

Die hohe Belohnung kommt nicht mehr durch den operativ erwirtschafteten Gewinn zustande, sie kommt vielmehr, und wirklich viel mehr, aus dem spekulativen Bereich.

Man zahlt den Göttern analog zum erwirtschafteten Gewinn horrende Summen. Anteilig.

Die Shareholder sind das, was früher die Workforces waren: die Regulative einerseits, aber auch die mystisch agierenden Heilssuchenden draußen, extern, vor dem Betrieb, der in einem gigantischen Vergesellschaftungsprozeß aus dem Besitz einzelner in den Volksbesitz übergegangen ist. Der Betrieb, der früher einzelnen gehörte und die Mitarbeiter versorgte, ist heute ein Besitz vieler geworden und hat diese zu versorgen. Die Mitarbeiter sind nur mehr Mittel zum Zweck – mehr noch als früher: sie haben alle Rechte verloren und es ist kein Zufall, daß der Kapitalismus der Vielen es schafft, die Gewerkschaften zurückzudrängen – denn Shareholder sind auch Wähler und potente obendrein.

So hat der Shareholder einen neuen Gott gefunden: das ist der CEO, und der hat sein Heil gesichert, indem er kraft seiner Fähigkeiten die neuen Wirklichkeiten und Mythologien anerkennen kann.

Draußen in der Welt sitzt nur das volksdemokratisierte Geld der großen Konzerne, und die Demokraten führen ein repräsentatives Politikszenario ein – in dem der CEO zum Diktator über Entscheidungen von Leben und Tod geworden ist.

So sind wir zurückgefallen in die Welt der Gottkaiser und es blieb auch nichts anderes übrig, denn die Mehrheit ist nicht fähig, alle Tendenzen in der erforderlichen Geschwindigkeit zu besprechen, einen Ausgleich zu suchen und zu „regieren". Sie muß sich des CEO bedienen, der diese Geschäfte bestens besorgt.

Ein weiser Kaiser – ein edler Tyrann. Ein Mensch mit Leadership-Charisma.

3.11 Das Gerichtsritual

Hier geht es um die Rituale des Auslagerns von Entscheidungen.

Die Zwangsgewalt des Staates ist nicht ein beiläufiges Ding, sondern eine unabdingbare Voraussetzung für dessen Funktion. Und auch dessen Gestalt. Kein Staat kommt ohne Gesetze aus und noch weniger natürlich ohne die Durchsetzung dieser Gesetze. Traurige Ausnahmen wie Albanien, Kambodscha und aus der UdSSR entstandene Republiken zeigen, wohin es führt, wenn der Staat schwach ist. Wenn der Staat zu stark ist oder durch einen starken Mann repräsentiert wird, führt das auch zu nichts. Oder in den Untergang. Die Zwangsgewalt des Staates, unter der die Bürger sich mehr oder weniger freiwillig beugen, ist ein Ort ständiger Auftritte und Inszenierungen. Der moderne Staat von heute – die Demokratie, in der die Macht mehr oder weniger wirksam vom Volk ausgeht und durch Volksvertreter repräsentiert wird –, braucht eine Instanz, in der die unterschiedlichen gesellschaftlichen Interessen, aber auch die Abweichung von den selbstverschriebenen Normen reguliert wird: die Gerichtsbarkeit.

Die Gerichtsbarkeit ist in alten Stammeskulturen immer auch schon etwas Besonderes gewesen. Der Gerichtstag und das Auftreten vor Gericht sind ganz bestimmten Choreographien unterworfen. Nirgendwo sonst ist das Good Guy–Bad Guy-Schema so deutlich vorhanden; nirgendwo sonst gibt es die Inszenierung von Angriff und Verteidigung so reglementiert, außer vielleicht noch im japanischen Go-Theater oder in der Pekingoper. Der spitze Schrei des Staatsanwaltes wird von den beschwichtigenden Tönen des Rechtsanwaltes sanft ummantelt: auf daß der Richter einen Zwischenton oder gar einen Gegenton höre. Der Richter distanziert sich in seiner Robe und in seinem Habitus von den Leuten, die vor ihm um Recht heischen. Er stellt sich so deutlich nach außen, zwischen Recht und Gerechtigkeit.

3.12 Das Subordinationsritual

Der vorauseilende Verteidigungsreflex des Verteidigungswalles rund um das Establishment – das ist die Bürokratie – schirmt die Institutionen vorsorglich gegen alle Begehrlichkeiten der Untertanen ab. Treten die dann gar mit dem Oberton des Untertanen in Erscheinung, jener weinerlich-hohen Stimme, erhalten die Verteidigungsbürokraten endgültig die Oberhand. Sie lassen einerseits in der Aggressivität nach, weil ihnen kein Widerstand mehr droht, andererseits werden sie aber in der Gnadenlosigkeit der Durchsetzung ihrer zeitlichen und räumlichen Vorstellungen überdeutlich: „Stelln S' Ihnen hinten an!", „Waß net!", „Geht net!", „Hamma net!", „Wie stelln S' Ihnen des vor?" Solcherart gepanzert gegen das Unbill der konstruktiven Arbeit muß der Untertan, will er etwas erreichen, nachschieben. Der Untertan darf dies keinesfalls mit einem mürrischen oder herrschsüchtigen Tonfall, nein, er muß in seiner Demutsstufe noch ein Stockwerk tiefer gehen, sich auf den Bauch legen, nach hinten in die Ecke verkrümeln, leicht den Rükken wölben und den Kopf senken, möglichst nicht dem Bürokraten dreist ins Auge sehen – das löst bei diesem einen Beißreflex aus – , sondern auch noch sich ein wenig zur Seite drehen, um die Halsschlagader zu zeigen, welches den Beißreflex beim Bürokraten besänftigt. Hat der Untertan auf diese Art und Weise die Spirale ein wenig weiter gedreht, fühlt sich der Obertan in seinem Tun bestätigt. Er ist wichtig. Ohne ihn geht nichts. Wenn er nicht will, dann nutzt es gar nichts. Er führt sich auf als kleiner Herrgott, und das Lied, das auch beim Heurigen gerne gesungen wird: „Wenn der Herrgott net wü, nutzt des goa nix", halte ich für eine ebenso gelungene wie versteckte Kritik an den Bürokraten, die sich wie Herrgöttlein aufführen.

Das Ober-/Untertanenritual besteht somit aus einem Geiselnehmer und einer Geisel. Der Untertan ist in Geiselhaft genommen. Er – oder sie – wird der Zeit beraubt. Die zeitlichen und räumlichen Vorstellungen des Geiselnehmers haben absolute Gültigkeit. Der Geiselnehmer droht je nach Stimmung Sanktionen oder bietet Erleichterungen in der Geiselhaft an. Faszinierenderweise geschieht bei einer Ansammlung von Geiseln und einem einzelnen Geiselnehmer nicht das, was ich als gesunde Reaktion bezeichnen würde: eine Revolution zum Beispiel. Nein, das Stockholm-Syndrom findet statt: die Geiseln haben Verständnis für den Geiselnehmer. Sie haben Einsicht in sein schweres Los. Er muß ja Geiseln nehmen, was bleibt ihm anderes übrig? Und als Geisel ist man ja ohnedies zu dumm, um sich auszukennen in der Geiselhaft. So werden in Amtsstuben täglich tausende Arbeitsstunden vernichtet. Auf beiden Seiten. Bürokratie ist nicht bloß etwas, was dem ungehemmten Kapitalismus als Bremsscheibe in die rasende Geschwindigkeit geworfen wird, sie ist auch eine Qualität an und für sich: sie erzeugt durch ihre Langsamkeit einen unerhörten Druck. Egal, ob am Postamt oder auf der freien Wildbahn.

Ein Subritual:

Das bemerkenswerte Subritual der Polizei–Staatsbürgerbegegnung: die Polizei – dein Freund und Helfer.

Die Polizei in den Nobelbezirken schützt die angesehenen Bürger vor den Unansehnlichen. Hier wird die Funktion der Polizei als Schutztruppe der Besitzenden besonders deutlich.

Ähnlich wie im Fußball oder beim Militär rekrutieren sich die Polizisten aus den sogenannten kleinen Verhältnissen. Das Faszinosum des Polizistenberufes ist für diese Menschen jenes, daß sie als an sich Machtlose an der Macht beteiligt werden und die Mächtigen gegen die Nervosität und die Begehrlichkeiten ihresgleichen verteidigen; „ihresgleichen" bezogen auf den sozialen Status und nicht auf den Beruf.

Die Unterordnung ist der Preis, der für die Erlaubnis zur Systemteilnahme zu bezahlen ist.

4 Die regionalen Rituale

Wir leben in einer interessanten, widersprüchlichen Welt. Der Mensch in westlichen Kommunikationsgesellschaften verliert seine Intimität mit der Gruppe. Er wird zunehmend anonymer Teil einer Masse. Gleichzeitig aber bemächtigt sich der Staat der intimsten Kenntnisse über seine Person: das Verlassen der Horde und die verzweifelte Suche nach Gleichartigkeit in der Welt, die sich in Ritualen äußert, die über die gesamte Welt reichen. Beispiele wie Banktransfers, Telephonate, Reisen, Kreditkartenbezahlungen, Konsum von gleichen Produkten beweisen, daß der kinetische, entwurzelte und „entortete" Mensch gerade durch diese Rituale vollkommen überwach- und kontrollierbar ist. Die erhöhte Mobilität hat erhöhte Kontrolle gebracht. Gleichzeitig hat sie die Entwurzelung produziert. Das aus dem dörflichen oder regionalen Bereich sich Ausreisende und Ausreißende (und zwar in beiden Buchstabierungsformen: das Ausreisende und das Ausreißende im Sinne von Entwurzelung) gehören zusammen. Denn der, der reisen kann, ist weniger lange an einem Ort, um sich an diesem Ort vertraut zu machen. So bleibt das örtlich Nichtvertraute. Weil das Nichtvertraute am Ort auch Nichtvertrauen am Ort produziert, hat der Staat, der seinen Ort und Umfang streng definiert, alle, die sich an seinem Ort aufhalten und Nicht(mehr)vertraute sind, zu überwachen. Auch jenseits seiner Grenzen versucht er dies, wenn einer der „Nichtvertrauten" den Staatsort für einen ungesetzlichen Vorteil ausnutzt und durch seine Weltkinetik die Zwangsgewalt des Staates zu vermeiden sucht.

Weil allen zivilisierten Staaten durch ihre mobilen Bürger das gleiche Schicksal droht, schließen sie sich zusammen zu einer Allianz der Überwachung, die dem einzelnen fast keine Möglichkeit bietet, sich „unbekannten Aufenthaltes" aufzuhalten.

Das Streßniveau einer Gesellschaft gibt die Rahmenbedingungen für den individuellen Streßpegel vor.

Eine Gesellschaft, die den Rhythmus der Natur zu ihrem Rhythmus macht – also eine nomadisierende oder frühagrarische – hat ein grundsätzlich niedrigeres Streßniveau als eine industrielle. Schon innerhalb Europas ist der Unterschied der Herz-Kreislauf-Erkrankungen zwischen dem Norden und dem Süden eklatant. Warum, ist leicht erklärt: Die einfachere Gesellschaft hat weniger Optionen und daher mehr Orientierung. Gleichzeitig weist sie in ihrer sozialen Struktur mehr Zugehörigkeit auf. Der Stamm oder die Gruppe lösen gemeinsam die Aufgaben, die das Leben stellt.

Durch die beiden Faktoren Orientierung und Zugehörigkeit fallen viele Unsicherheiten weg, und die verbleibenden Unsicherheiten wie z. B. territoriale Fragen, Ernährungsfragen, Überlebensstrategien etc. werden gemeinsam und mit gemeinsamem Wissen gelöst. Jedes Mitglied hat seinen Platz und ist notwendig und weiß dies auch. Selbstverständlich braucht jede Gesellschaft den Streß verbleibender Unsicherheiten. Er ist schließlich dafür verantwortlich, daß sich diese Gesellschaft mit den Fragen der Unsicherheit auseinandersetzt, sie löst, kurzum: sich weiterentwickelt.

Trotz der ungleich verteilten Güter herrscht in diesen Gesellschaften fast nie der „Reiche", sondern fast immer „der Weise", der dem Reichen eine religiös begründete soziale Verpflichtung auferlegt. Das bedeutet dann trotz aller materiellen Unterschiede eine gewisse Sicherheit für die „Untertanen".

Unsere arbeits- und verantwortungsteilige postindustrielle Gesellschaft sieht den einzelnen aus seinem Zusammenhang gerissenen Menschen als Funktion als Konsument, als Wähler, als Steuerzahler, als Arbeitskraft, als Kostenstelle statt als Sozialwesen und als Mensch an und für sich. Diese Entmenschlichung des Menschen und damit der durch ihn abgewickelten Tätigkeiten, wie Politik, Wirtschaft, Kulturrituale etc., ist durch die Technik der fraktionierten Beobachtung und die Einteilungstendenz in Kategorien möglich. Alle menschlichen Verhaltensweisen sind beobachtbar, bewertbar und z. T. vorhersagbar und daher scheinbar vom Menschen zu lösen und technisch zu betrachten.

Die Technik hat die Stelle der Götter eingenommen. Sie weiß alles, sie sieht alles und sie schafft die Voraussetzungen, daß die Inhaber dieser Technik alles planbar machen können.

So wird der einzelne entmündigt, obwohl noch nie soviel Demokratie – also Mitsprachemöglichkeit – herrschte wie in der heutigen Gesellschaft.

Jeder hat das Gefühl, sich seine Meinung frei bilden zu können, die Richtung und der Inhalt sind jedoch von der Meinungsindustrie vorgegeben und von einer Mehrheit übernommen, sodaß lediglich eine demokratisch überstimmbare kritische Minderheit anderer Meinung ist.

Je mehr mitreden, desto weniger hat der einzelne zu sagen. Hier nähert sich die Demokratie gemeinerweise durch die Hintertüre ihrer eigenen Großzügigkeit wieder asymptotisch der Diktatur an. Daraus entsteht sehr leicht das Gefühl der individuellen, politischen Wert-Losigkeit, weil die einzelne Stimme immer weniger wert wird. Diese individuelle „Wert"-losigkeit macht angst. Wir haben keine eindeutigen Positionen in Raum und Gesellschaft, um die wie als einzelne wissen.

Der Gesichtskreis reduziert sich auf einen Miniaturradius. Der Geist sinkt auf das Niveau mentaler Wirtshausschlägereien und sieht im zufällig Nächsten seinen Konkurrenten und Feind. Dieser Rundumschlag – diese Aggression, die die Sehnsucht nach Zugehörigkeit und Orientierung ausdrückt – ist nur scheinbar produktiv für unser System und unsere Gesellschaft, weil es nur kurzfristig zu Höchstleistungen und Übertrumpfungsritualen führt. Durch das Gleichzeitige eines Harmonisierungswahns geknebelt, läuft der richtungslos gewordene Veränderungswunsch Amok gegen sich selber. Ein Zustand der Leere und Ratlosigkeit entsteht und lähmt.

Durch das Hinauskatapultiertsein in die Leere suchen wir nach Substituten. Wir konsumieren Güter und mit den Gütern eine vermeintliche Sicherheit, nach der wir uns sehnen. Weil der menschliche Bezug verloren gegangen ist, tritt der materielle Bezug an seine Stelle. Wir widmen uns nicht mehr einer Sache und lieben einen Menschen, sondern wir lieben Sachen und widmen uns bestenfalls einem Menschen. Die Wirtschaft scheint von dieser Entwicklung zu profitieren. Zum einen müssen wir die Leere durch den erhöhten Konsum von sinnlosen Dingen füllen, zum anderen ist der entwurzelte Mensch bereit, seine Energie in die Erzeugung materieller Vorteile zu legen und zum dritten ist die Aufsplitterung in immer kleinere Einheiten dem Konsum an und für sich zuträglich. Nach der einfachen Formel: mehr Haushalte – mehr Kühlschränke. Aber die Rechnung geht langfristig nicht auf.

Wir haben noch immer das Bild des vorübergehend gescheiterten Sozialismus, also jener Gesellschaftsform, die maximale Orientierung, maximale Zugehörigkeit und damit maximale Sicherheit bereitstellte. Sie hat ein vernichtendes Debakel sowohl auf der gesellschaftlichen als auch auf der wirtschaftlichen Ebene erlitten. Das Maximum der Sicherheit und das Maximum der Zugehörigkeit – also die Erzeugung eines streßfreien Raumes – waren für die Entwicklung der sozialistischen Gesellschaft tödlich. Daher hat sich das Modell des Sozialismus auch überholt.

Dem kapitalistischen Wirtschaftsmodell in seiner marktwirtschaftlichen Ausprägung stehen maximale Kontrollmöglichkeiten und Meßinstrumente menschlichen Verhaltens zur Verfügung. Es scheint, als hätte der Kapitalismus in seiner Erscheinung als soziale Marktwirtschaft ein unfehlbares Überlebensrezept entwickelt. Aber wie lange noch? Und wie erneuerungsfähig ist er denn ohne funktionierendes marxistisches Gegenprinzip, das ihn erst so lebendig und flexibel gemacht hat?

Kam mit dem Zusammenbruch des Kommunismus nicht zufällig gleich die Krise des Kapitalismus und der Sozialabbau im Europa der frühen Neunzigerjahre?

Der Zerfall der Familiengruppen und der Verlust der Örtlichkeiten hat bei vielen Menschen zur Heimatlosigkeit geführt. Diese „Heimat“ als Psychotop gleicher Erfahrungen aber konnte und kann die postindustrielle Gesellschaft dem Menschen nicht zurückgeben.

Verlust macht angst, denn Verlust individueller Wichtigkeit und Position in einem gewußten und bewußten Raum ist durch die „Second-Hand“-Wirklichkeit der Medieninformation und Unterhaltung nicht auszugleichen. Die Menschen werden krank vor Angst. Solange nur wenige krank vor Angst sind, kann das Problem noch gelöst werden. Wenn aber in einer Gesellschaft die Krankheit, der Energieverlust, die Minderleistung zu einer Norm wird, geht die Wirtschaft und damit die auf ihr beruhende Gesellschaft zugrunde.

Warum aber sind in Japan Phänomene wie höchster Arbeitseinsatz, massiver Wettbewerb, geringster Urlaub bei gleichzeitig geringster Herzinfarktrate und höchster Lebenserwartung möglich? Antwort: Weil diese Industriegesellschaft durch die Gleichzeitigkeit feudaler und sozioreligiöser Strukturen gekennzeichnet ist und daher Orientierung und Zugehörigkeit garantiert. Dies scheint für die Entwicklung spiritueller Werte, Energien und Fähigkeiten essentiell wichtig zu sein. Und: In Japan genießen Meditationstechniken, spirituelle Handlungen, kultische Rituale und transzendentale Übungen hohes Ansehen. Die japanische Gesellschaft als solche ist derzeit noch extrem lebenstüchtig, obwohl die Wirtschaft auch in einer Krise steckt, die die Sozialstruktur verändern wird.

Unsere Gesellschaft ist gut beraten, wenn sie rechtzeitig reagiert und unsere Wirtschaft veranlaßt, einen höheren Beitrag zur gesellschaftlichen Integrität und Motivation zu leisten.

Anstatt Aggressionen durch Unsicherheit Vorschub zu leisten, sollte die Wirtschaft einen Teil der Arbeitszeit „herschenken“.

Sie sollte in dieser Zeit Solidaritäts-, Motivations-, und Informationsveranstaltungen durchführen. Sie sollte ihre Unternehmen dazu veranlassen, ein relevanter Ersatz für

Clan, Gruppe oder Familie zu sein. Die so erzielte Zugehörigkeits- und Orientierungsverbesserung für die Mitglieder würde zu einer eklatanten Leistungs- und Produktivitätssteigerung führen. Die „Stammes"-Verantwortung würde Krisenzeiten leichter bewältigbar machen: für Unternehmen, die gleichsam die „Stämme" des Staates darstellten und somit für den Staat selber.

Es gilt, die nonmaterielle Produktivität in den Betrieben zu fördern. Das Spirituelle, das kultisch Gemeinsame muß die Brutalität des Egoismus ablösen. Wir dürfen das nicht mißverstehen als Aufruf zur spannungslosen und damit freudlosen Idylle. Es ist der Appell an die Kraft, die im einzelnen steckt, die er aber nur dann entfaltet, wenn er seine Anerkennung als Teil des sozialen Bezugs erfährt.

Sicherheit kostet Geld. Je mehr zu besichern ist, umso mehr ist in die Sicherheit zu investieren. Wir sind eine reiche Gesellschaft, die viel zu verlieren hat. Sicherheit wird eines der wichtigsten Güter der Zukunft sein: Sicherheit bzw. Sicherung des Eigentums. Der Wanderungsdruck oder die Verschwörung ganzer Völker, die sich zusammentun, um die Bastionen des Reichtums zu stürmen, sind mehr als ein fiktives Schreckgespenst, sie sind mögliche Realität. Die Menschen haben Angst und sind bereit, in die Sicherheit zu investieren. Wer gute Geschäfte machen will, ist gut beraten, Sicherheit anzubieten. Der demokratische Staat wird überfordert sein, Sicherheit in allen Facetten zu bieten. Er wird sie als ganz normales Dienstleistungsprodukt an den regionalen und damit privaten Sektor auslagern. Der Ruf einiger weniger nach dem starken Staat wird ungehört verhallen. Der Staat wird seine Grenzen sichern und den Willen mancher Mehrheiten in Gesetze gießen. In der Versorgung der Bevölkerung mit dem Produkt „Sicherheit" wird er zunehmend zum Versager werden. Der am stärksten wachsende Sektor der Zukunft wird der kriminelle Sektor sein. Gleich schnell und als Antwort auf den kriminellen Sektor wird der Sektor Sicherheit in privatwirtschaftlicher Organisation wachsen.

Sie haben die Wahl zwischen dem kriminellen Sektor oder dem Sektor Sicherheit. Beides ist ein Geschäft der Zukunft, beides ist ein Geschäft mit hohen Risiken.

Um Sicherheit zu produzieren, bedarf es der kleinräumigen Rituale, die Brennpunkte der Vergewisserung einerseits und der Anerkennung durch potentielle Feinde andererseits sind.

4.1 Festspiele

Fest spielen – als Ausdruck der Intensität eines Spieles. Und das Fest spielen – als Vortäuschung eines wirklichen Festes.

Dies sind die beiden Deutungsdimensionen, die wir im Begriff „Festspiele" haben.

Die Salzburger Festspiele haben sich als erstklassiger Fremdenverkehrsmagnet erwiesen. Wie kaum eine andere Institution – die Lippizzaner ausgenommen – repräsentieren die Salzburger Festspiele eine tradiert-reproduktive Hervorbringung von nationaler Bedeutung. Dennoch sind die Salzburger Festspiele ein regionales Phänomen. Der Ort Salzburg ist der Kern, um den herum das Festspiel kreist und gleichzeitig ist das Festspiel der Kern, um den Salzburg zumindest im Sommer kreist. In einem Umkehrritual wird Salzburg entmachtet, verliert die Hoheit über die Festspiele und die Festspiele übernehmen Salzburg. Sie bestimmen das Verhalten, sie bestimmen die Zeiten und sie bestimmen den Ort. Die Salzburger Festspiele finden im öffentlichen Raum statt. So erobert der Adel, diesmal der Geldadel, wieder einen Teil jenes Raumes, zumindest temporär, zurück, den er einst widerstrebend der Öffentlichkeit überantworten und übereignen mußte. Dies ist ein so stolzer Augenblick, daß Menschen, denen dies gelingt, sich festlich kleiden, sich absetzen vom Rest der Welt durch prunkvolle Roben und Ornate. Sie feiern mitten in einer Welt der Gewöhnlichen ein Hochamt der Kunst. Dies wird von selbst ernannten, vermeintlichen aber auch wirklichen Kunst- und Kulturkennern zelebriert. Die Priester dieses Rituals heißen heutzutage Mortier, aber auch Rabl-Stadler. Sie engagieren Zeremonienmeister und Schauspieler und lassen den Jedermann aufführen– ein absurder Treppenwitz der Geschichte: Das Establishment – die in Salzburg versammelte Elite – führt sich vor Augen, daß sie sterblich ist, weil sie diese Gewißheit innerhalb Salzburgs ansonsten leicht verlieren könnte. Sie wähnt sich unsterblich und provoziert sich selbst mit einem Sterblichkeitsspektakel.

Abgehoben vom Rest der Welt, hochgeschaukelt von den einfachen Salzburgern, die mit verklärtem Blick die Situation mißdeuten und glauben, der Magnetismus gelte der Stadt Salzburg oder gar ihnen. Die Salzburger sind lediglich das Fußvolk – bestenfalls die Komparserie. Aber der heilende Effekt ist wundervoll: Salzburg ist weltbekannt und als Weltkulturerbe weltgeschützt.

4.2 Schützen und Vereine

Die Schützen- und Musikkapellen-Vereinsrituale sind die Regieanweisungen zur Zähmung der Lokalrevoluzzer.

Was dem Staat das Militär, ist denRegionen die Schützenkompanie und die Musikkapelle. Das bunte Herausragende ist nicht nur das sich selbst Inszenierende, sondern als Bändigungsritual instrumentalisiert. Unter dem Taktstock der Blasmusikkapelle und unter dem Schritt der Schützen ist man zu Hause. Das ist ein territorial-ritueller Beschwörungstanz. Die Grenzen des Dorfes werden markiert, teilweise wird auch in andere Reviere einmarschiert, jedoch immer in ganz bestimmter Form und niemals ohne Einladung!

Das Zusammenhalten der Gemeinschaft im dörflichen Bereich, das Gegenstück zum „Schade-tun“: das Nützlichsein in Form einer Freiwilligen Feuerwehr, einer Musikkapelle, einer Theatergruppe, eines Tourismusverbandes fordert in der Gemeinschaft die Abweichung zur Integration auf.

Der wirtshausraufende junge Mann wird im Verein gezähmt. Er bläst in die Trompete, rollt den Schlauch auf oder putzt seine alte Flinte, um bei den Schützen mitzutun.

Das stellt ruhig und gibt soziale Verantwortung.

In den Vereinen vereinigen sich unterschiedliche Menschen zu gleichen durch die Kraft des Vereins. Im Verein selbst gibt es ein Ziel und meist auch einen kultischen Gegenstand, um den sich das Vereinsritual dreht. Sei es ein alter Stutzen bei den Schützen, ein Musikinstrument bei der Blaskapelle oder der Sportgegenstand bei den Fußballvereinen, Schiclubs, Tennisspielern oder Golfern, immer wird der Verein durch etwas gekennzeichnet, selbst der Philatelistenverein oder die Wohltätigkeitsgruppe. Die Vereine produzieren Sicherheit im Bereich, in dem sie wirken.

4.3 Weihnachten

Ist Weihnachten das Ritual des Kaufens? Oder das Ritual des Schenkens? Es ist dem Effekt nach noch immer das Ritual des Schenkens. Auch wenn wir das vergessen haben. Dem Mythos nach ist es jedoch viel eher ein Ritual des Kaufrausches.

Wenn heute an einem Tag vor Weihnachten für 5–6 Milliarden Schilling in Österreich eingekauft wird und dies öffentlich bejubelt werden darf, so hat sich damit unser Land mental als Mitglied der kapitalistischen Staatengemeinde geoutet. Österreich, das ein Zeitlang noch eine sozialistische Partei hatte, in deren Programm eine gesellschaftsverändernde Komponente festgeschrieben war, hat solche unverblümten Kaufexzesse immer unterdrückt, zumindest als erstrebenswerten Zustand. Das Schenken stand vor dem Kaufen. Nunmehr ist das Ritual aber zu einem Einkaufritual geworden.

Wer nicht einkaufen kann, ist nicht.

Selbstgemachte Weihnachtsgeschenke gelten als unfein, daher ist das Ritual des Schenkens nur mehr der Vorwand dafür, kaufen zu dürfen. Im Kaufen erlöst sich der Mensch aus seiner Bedeutungslosigkeit. Nirgendwo sonst prallt Heidnisches und Christliches so aufeinander wie zu Weihnachten. Der Mensch opfert sein Geld, das er verdient hat, und seine Güter, die er erworben hat, und die sich in Geld niederschlagen. Er gibt das Geld weg, um Gegenstände zu erwerben, die von vornherein nicht ihm gehören werden. Die er verschenken wird. Die Gaben der Beruhigung, noch mehr die Gaben der Anerkennung. So ist zu Weihnachten der doppelte Beweis angetreten: einerseits kann sich der Mensch etwas leisten, er kann einkaufen gehen, andererseits kann er sich sichtbar machen in einem Ritual des Schenkens. Er kann sich emporheben zu einer Bedeutung, um nach Weihnachten kurz in die postaltruistische Depression zu verfallen. Denn der Mensch erkennt: Ich bin einem Ritual gefolgt, das eine unglaublich kurze Halbwertszeit hat und ich bin ihm nur gefolgt, weil ihm auch andere folgen, halbherzig und weil ich nicht anders kann.

4.4 Diverse Rituale

Rituale erkennen wir auch an der Art und Weise, wie wir uns auf bestimmten Ebenen organisieren. Die „Was lesen wir"-Rituale, welche Zeitungen, welche Zeitschriften. Was hören und sehen wir? Welche Bücher konsumieren wir? Welche Filme sehen wir? Die Medienrezeption und das begleitende Austauschritual, das meist mit den Worten beginnt: „Haben Sie gelesen, haben Sie gehört, haben Sie gesehen …" gibt

Menschen, die einander nicht täglich nahe sind, bei einer Begegnung einen Anhaltspunkt über das geistige Biotop und das Soziotop, in dem sich der oder die Befragten befinden. Was haben sie sich gemerkt ? Was war für sie wichtig? Das sind die Metafragen, die hinter der ganz offenen Frage stehen.

Ein anderes Ritual – Rituale sind Vergewisserungen – ist das Sündenbockritual im Falle einer eigenen Unzulänglichkeit. Wir alle sind gleich gestrickt: Mißlingt uns als Individuum etwas oder gar als Gruppe, so suchen wir nach Schuldigen. Als Individuum gelingt es uns oft, uns selbst als Schuldigen auszumachen und auch anzuerkennen. Shit happens. In einer Gruppe fällt dies schon schwer. Eine Gruppe, die sich irrt, wird immer in ihren Reihen jemanden haben, der dies heftigst bestreitet. Das gehört zum Grundsatzverhalten einer Gruppe. Um diesem Widerspruch in der Gruppe nicht aufkommen zu lassen, einigt sich die Gruppe stillschweigend darauf, daß sie im Falle eines Versagens nicht Schuld hat. Sie führt ihr Versagen auf äußere Umstände zurück, auf einen Gegenwind, auf schlechtes Wetter, auf einen hypnotisierenden Gegner oder einen gedopten, auf Protektion der obsiegenden Gruppe oder im schlimmsten Fall auf einen Maulwurf in ihren eigenen Reihen.

Relativ leicht wird man zum Sündenbock in einer stark mythologisch dominierten Gruppe, z. B. einer Dorfgemeinschaft. Wer hier eindringt und Dinge anders macht als es die Dorfgemeinschaft gewohnt ist, sieht sich – wenn das Eindringen gelingt – einer gespaltenen Dorfgemeinschaft gegenüber. Das sind jene, die das Eindringen erlauben und für notwendig erachten, um zumindest irgend etwas von der Welt mitzubekommen, und das sind die anderen, die dies für überflüssig erachten. Geschieht nun im Dorf aus irgend einem Grund irgend ein Unglück, wird sofort dieses Unglück in Zusammenhang mit dem Eindringen des Eindringlings gebracht.

Neben diesen Ritualen gibt es noch unzählige, die erwähnenswert wären, z. B. das mittlerweile verlorengegangene der „Autosegnung“, das in den beginnenden Wirtschaftswunderjahren die mystische Verzückung über die Möglichkeit, mobil zu werden, zum Ausdruck brachte und die Gottähnlichkeit der Automobilbesitzer unterstrich, indem Priester das Blech segneten. Daneben gibt es auch das Kunstablehnen–Kunst-kaufen-Ritual. Immer werden die Bürger eines Staates – besonders aber die Bildungs- und Besitzbürger – durch Kunst herausgefordert und aus der monotonen Mitte und dem Status quo gerissen. Die Kunst provoziert, weil sie Neues hinzufügt. Das paßt vielen nicht und meistens paßt es besonders den Eliten nicht. So bekämpfen sie die Kunst – teilweise erbittert und mit den Organen des Staates – solange, bis sich aus den Reihen der bekämpften Kunst ein hartnäckiger Gegner, ein nicht Unterzukriegender herauskristallisiert, der dann sozusagen als Sieger gekürt und vereinnahmt wird. Nietsch ist ein wunderbares Beispiel für dieses Ritual. Aber auch Mühl ist eines.

4.5 Das Kärntner Heimattreueritual

„Mir red ma deitsch“ ist eine Anmaßung. Aber eine vollendete Frechheit aus dem Munde eines Kärntners ist es, zu fragen: „Bist deitsch?“ (das heißt: „Verstehst du mich?“)

Das sind die gebetsmühlenartig wiederholten Aussagen der Kärntner Heimattreuen. Jene, die am wenigsten gut Deutsch können in diesem Land, die den Dativ und den Akkusativ voneinander nicht zu unterscheiden wissen, die sich ihrer doppelt vergewissern müssen, „gemma mir = gehn wir wir“, jene also haben ein besonderes Ritual, das sie an die Heimat bindet. Das ist Kärntner Heimattreueritual, das nicht nur ein Treueritual zur Kärntner Heimat ist, sondern ein verwegenes Ritual zur Treue an die deutsche Heimat. Damit ist Kärnten ein Problemfall in einer Gesellschaft, die hartnäckig leugnet, wie und warum es in ihrem kollektiven Bauch rumort. Welche Sehnsüchte nach Aufgehen in einem größeren Ganzen da sind, welche alten Mythen und Heldensagen in ihr wirken, in einer Gesellschaft, in der der Faschismus noch immer aktuell ist. In Kärnten wird er in bestimmten Ritualen gelebt und zelebriert: im Kärntner Heimattreueritual, in den Sonnwendfeiern, in den Pilgerfahrten der alten SS-Kämpfer auf ihren Ullrichsberg. Und in der Macht des rechten Haider. Das Kärntner Heimattreueritual ist eine Beschwörung dessen, was nicht vorhanden ist: Heimat.

In Kärnten gibt es die wenigste Heimat für die meisten Menschen, denn jene, die nicht ganz dem entsprechen, was als Kärntner Heimattreue vorgegeben ist, werden sofort verflucht und der Heimat verwiesen. Diesen Aderlaß an Kärntner Intelligenz kann Kärnten nie verkraften. Es beraubt sich selbst der Intelligenten, jener, die die Gesellschaft in Kärnten zur Gärung und damit zur Weiterentwicklung und zum Wachstum bringen könnten, indem es diese aus der Gesellschaft ausschließt. Nur diejenigen werden in Kärnten belohnt, die heimattreu sind.

Zum Heimattreueritual gehört auch das Hinunterreißen von Ortstafeln und das Negieren von Sprachminderheiten. Zur Heimattreue gehört auch, daß zwischen Klagenfurt und Villach schon ein Unterschied besteht, der größer ist als einer zwischen Seattle und Sydney. Wenn die Heimattreuen die Feuer auf den Bergen anzünden und dabei fallweise auch Lieder absingen, deren Text an und für sich verboten ist, so ist das ein Heimatritual.

Das mußten sie von den Tirolern kupfern. So ist das Heimattreueritual der Kärntner ein sehr virtuelles, denn die Heimat, die sie haben, könnten sie nicht feiern, hätten sie nicht jene, die sie aus der Heimat ausschließen wollen: die Windischen, die Slowenen, die Ausländer. Der relative Wohlstand Kärntens in den letzten Jahren fußte ja ursächlich wohl auf der Schönheit der Landschaft, aber vor allem darauf, daß die Heimat von nicht Heimatlichen besucht wurde. Und auch neuerdings ist der Restbestand der tourismuswirtschaftlichen Prosperität zum Teil heimatlosen Gesellen wie russischen Neureichen zu verdanken. Vielleicht ist dies der Druck, der Kärntner so viel angst macht, daß sie zusammenrücken und ein Heimatritual zelebrieren? Daß sie allein nicht existieren können, ohne die Stärke der Zuwanderer und der Ausheimischen?

Verzeiht mir, Kärntner – aber als einer, der dort geboren ist, kann ich dem Negativen dieses Teils Österreichs nur entgegenwirken, indem ich ihm – nach eurer Meinung (die ja nicht meine ist) in bestechender Kärntner Logik – eine „gesunde Watschn" gebe.

4.6 Das Villacher-Fasching-Ritual

Das ist ein erstklassiges Umkehrritual: der Brave wird aufmüpfig, das Männliche wird weiblich, das Politische wird lächerlich und entmachtet, das Lächerliche wird politisch.

Die Imitationsrituale am Villacher Fasching haben Tradition und sind auf einem dem österreichischen Kulturniveau angemessenen Level.

Das Umkehrritual am Villacher Fasching ist mittlerweile zu einem National akzeptierten geworden. Alle spielen mit. Die Medien. Die Politik. Und die Villacher. Eine ganze Ortschaft arbeitet und schreibt sich einmal im Jahr auf, um an die Öffentlichkeit zu treten, indem sie andere in den Hintern tritt. Sie teilt aus. Alle ihre Frustrationen, alle ihre Vergeblichkeiten während des Jahres entladen sich einmal im Jahr. Die Narren übernehmen die Herrschaft. Es gibt Prinzen und Prinzessinnen und sogar ein Parlament, die Narrengilde. Wie es sich für Narren gehört, nehmen sie keine Rücksicht auf Rang und Namen, nein, sie greifen die Mächtigen an und tagen öffentlich und verspotten alle. Merkwürdigerweise werden sie dafür beklatscht und bejubelt, also auch noch reich belohnt, was ihr Verhalten bestärkt.

So ist der Villacher Fasching zu einem konditionierten Reflex der Heiterkeit geworden, der auch deshalb wirklich heiter ist, weil das Lächerliche bekanntlich nie wirklich ausstirbt – vor allem, wenn man die Macht lächerlich macht. Das ist der wohlige Schauer, das Unerhörte zu wagen. Gerade die Macht, die sich belächeln läßt, macht (wie alle Feste, bei denen man etwas zu lachen hat) glücklich. Der Villacher Fasching ist ein spezieller Reinigungsmechanismus, der es den Mächtigen „aba amol sauber einesagt“. Solcherart säubert sich nicht nur Villach, sondern eine ganze zuschauende Nation von der bedrückenden Vorstellung, machtlos zu sein. Der Villacher Fasching ist ein gutes staatstragendes Ritual – und alle haben es begriffen.

4.7 Der Opernball

Ein scharfes Ritual. Ein Staatsritual. Ein Wiener Stadtritual.

Der offiziöse Charakter des Opernballs ist allein schon durch die Tatsache gegeben, daß der Stammeshäuptling unserer Kultur ihn eröffnet. Es ist Präsidentensache, dies zu tun. Ihm zur Seite stehen die Stammesfürsten und benutzen die Gelegenheit, um Gäste – vornehmlich Subhäuptlinge aus anderen Kulturen – begrüßen zu dürfen. Im Opernball wird aber auch noch ein zweites und drittes Ritual sichtbar. Das zweite Ritual ist jenes der Feste und Feiern und das dritte ist jenes der Gastfreundschaft. Im Opernball werden Gäste nicht nur als Gäste eingeladen, sondern auch noch als Schmuckstück für das Feiern und das Fest. Die Stars des Abends.

Da der Staat ein schlechter Unterhalter ist, wurde der Opernball an Zeremonienmeister ausgelagert. Hier gibt es einen formellen Zeremonienmeister – bisher Frau Lotte Tobisch, in Zukunft Frau Gürtler – und einen inoffiziellen Zeremonienmeister. Einen, der den Opernball als Ort des

Festes und als Ort des Bewirtens gleichermaßen nutzte, um solchermaßen für sich höhere Ehre zu erlangen. Das Gebalze am Opernball ist deshalb auch vollkommen lupenrein und ohne jede Verschleierung sichtbar. Die weiße Brust der Herren, die behängten Damen im Federkleid, die sich und der Welt aufgeplustert zeigen, wer sie sind, wo sie sind und was sie sind.

Diese territoriale Aufblähung in einem Fest und in einem Haus stellt unsere ganze kleine Nation groß dar. Mittlerweile ist dieser Opernball als nationales Pfauenritual auch international im Festkalender festgeschrieben – der Opernball wird übertragen wie der Karneval in Rio, das Oktoberfest in München oder die Rose Parade von Pasadena. Er ist Bestandteil nationaler Identität und einer Wiener Tradition. Er ist in der Region der Emporkömmlinge angesiedelt. Am Opernball wird rituell gegessen, rituell getanzt und rituell gesprochen. Das Besuchen in den Logen hat etwas mit dem Beichtcharakter und dem Beichtgeheimnis zu tun. Da ändern auch Richtmikrophone nichts. Oder neugierige Reporter. In den Logen wird informell besprochen, welche Sünden der Gesellschaft es zu beheben gilt, welche Vereinbarungen man trifft und welche Buße zu tun man bereit wäre für das Erfüllen einer Vereinbarung. Hier trifft sich die Wirtschaft mit der Politik und legt Rahmenbedingungen fest. Kunst und Kultur versuchen, mit ihren Mäzenen als Lobby aufzutreten.

Der Opernball ist Gegenstand von Demonstrationen, denn im Opernball verdichtet sich die gefährliche Elite dieses Landes – die Elite, die ihre Energien nicht sosehr in Charities hineinsteckt, sondern eher in das „I show myself-Business". Das ist die mittlere Elite, die auch für viel negative Energie zuständig ist. Das sind die erfolgreichen Aufsteiger, die es noch nicht ganz geschafft haben, um entspannt zu sein, daher müssen sie sich unter Anspannung der Kräfte am Opernball aufblähen und zeigen, was sie so das ganze Jahr über machen: erfolgreich sein, durchschlagskräftig, rücksichtslos. Bewundert von den Frauen am Opernball, werden diese Männer in ihrem Tun bestärkt und bestärken auch jene Frauen, die ihren Mann stehen.

Jugendliche dürfen am Opernball in diese Gesellschaft initiiert werden und nehmen am Opernball daher die Werte dieser Gesellschaft an. Im gemeinsamen Tanz wird die Verknüpfung und Beschwörung des Gemeinsamen vorgenommen, aber auch das In-Gang-Setzen eines Programms. Im Tanz wird das eigene Tun von der statischen Absichtserklärung in die kinetische Ebene verlagert. Der Tanz ist mehr oder weniger das Bindeglied zwischen Absichtserklärung und ritueller Programmatik und der zukünftigen Handlung. Er ist das Scharnier zwischen dem vergangenen Jahr und dem zukünftigen.

Der Opernball – ein Ritual Österreichs, weit nach rückwärts gewandt und stets nur ein Jahr nach vorn – leistet ganze Ritualarbeit.

5 Die Sozialrituale in der Bürgerschaft

Was meine ich mit diesem Kapitel?

Eine Gesellschaft, die sich öffnet, pflegt in ein und den selben Gruppen unterschiedliche Rituale. Ähnlich wie früher einzelne Menschen verschiedene Rollen einnehmen konnten, können heute ganze Gruppen einen Rollenwechsel vollziehen. Der multioptionale Konsument ist ein Ergebnis dieser Entwicklung. Er kann jederzeit seine Gruppenzugehörigkeit wechseln. Ganze Gruppen wechseln ihren Status.

Dabei ist seine soziale Intelligenz gefordert. Der Group-Hopper muß auf das richtige Pferd setzen. Wenn dazu noch emotionale Intelligenz kommt, bringt der chamäleonartig sich Anpassende dazu auch meist seinen eigenen Sattel mit.

Die Kunst, einer Gruppe zugehörig zu sein, hat viel mit der Entwicklung einer eigenen Identität zu tun. Mag diese Identität auch eine „vermischte" sein, sie muß allen Gruppen zu jeder Zeit sagen können: Ich bin jetzt bei Euch, aber ich habe noch andere Identitäten.

Die Gruppe der Etablierten kann genauso als Gruppe herabsteigen in die Niederungen des Junkfoods, ohne ihren Status zu verlieren, wie es früher nur einzelne Außenseiter konnten. In der Bürgerschaft werden, schon allein um sich auszukennen, verschiedene Sozialrituale gepflogen: die Sozialrituale in den einzelnen Berufsgruppen, in den Gruppen der Ärzte, der Werbeleute, der Priester, der Gangster, der Piloten, der Datenverarbeiter. Diese Sozialrituale in der Bürgerschaft, determiniert durch die berufliche Zugehörigkeit, sind ein Teil des Ritualhaushaltes. Der andere Teil sind die Rituale, die über die Gruppen der Berufszugehörigkeiten hinausgehen und neue Gruppen und Klassen bilden. Diese Stämme sind Stämme der Reisenden, der Autofahrer, aber auch der Flieger, die Stämme der Charity-Leute oder der Stamm der Kinder.

5.1 Die Rituale des Reisens – ein Spiegel unseres Lebens

Wenn die Dinge sich enthüllen, zeigen sie sich in ihrer Gestalt, wenn ich sie enthülle, zeigen sie sich in meiner Gestalt.

Reisen und die damit verbundenen Rituale der Vorbereitung vom Plan bis zur Ausrüstung sind wesentliche Orte, an denen wir Rituale studieren könnten.

Alle Menschen, die erst in der Moderne die kinetischen Fähigkeiten zur „individuellen Massenreise" gefunden haben, konnten auch in der Individualität nicht auf die Rituale der Reisen verzichten. Diese Rituale sind der Kodex der Reise, die Sprache mit der Welt.

Das „Abgleichen" der Strategie und Taktik mit anderen Teilnehmern war eine wichtige Handlung, um sich in der fremden Welt auskennen zu können.

Immer mehr und für immer mehr wurde vorbereitende Reiseliteratur zur Pflicht, denn dort war sozusagen in der Gebotstafel des Reisens festgelegt, welche Kultstätten es zu besuchen galt, um darüber eine – wenn auch nur virtuelle – Übereinkunft herzustellen: die Übereinkunft all jener profanen Pilger, die darüber berichten hätten können (wenn sie jemand gefragt hätte), daß sie an dem geweihten Ort des Tourismusrituals gewesen waren.

Daraus erklärt sich auch die religös-mystische Verzükkung der Reisenden, wenn sie den Ort, den sie in der Bibel der Reisenden in den Führern vor-gelesen und vor-beobachtet haben, in all der aufgestaut komprimierten Vor-freude sehen, am Klimax der Reise sozusagen, und in heiliges Staunen geraten.

Warum greife ich dieses Beispiel heraus? Was heißt denn das?

Das heißt, wenn wir unaufgeregt die Dinge auf uns zukommen lassen, sich Erfahrungen bilden können – und wir so in einem viel tieferen Sinne zur Erkenntnis gelangen. Wir erfahren einen Ort und eine Strecke, an denen wir intuitiv zulassen, daß wir uns unmittelbar ein Bild und ein Urteil machen, welches dann eben auf keinen Fall Bestätigung oder Außerkraftsetzung von Vor-Urteilen sein kann, viel besser. Und genau deshalb, weil wir nicht wissen, wie unser Ziel genau aussieht, brauchen wir ein Ritual, um im Schutze des Rituals reisen zu können, allein und doch aufgehoben inmitten unseresgleichen. Reisende genießen Schutz und Gastfreundschaft. Der Respekt gegenüber dem Reisenden ist ungleich höher als jener gegenüber Touristen.

5.2 *Die Berichte über das Reisen*

So wahr wie alle Mythen und Märchen ist auch die „Zweitwahrheit“ des Erzählers. Der Erzähler ist der Meister der Stammesüberschreitung. Er gehört dem Stamme der Zuhörer an, er war beim Stamm der Fremden in der Fremde, um dort sein Material zu sammeln, und er ist Teil eines Stammes, der sich mit der Suche nach Wahrheiten beschäftigt und dies auch vermittelt. Märchen und Mythenerzähler vermitteln eben Wahrheit, weil das, was wir durch sie sehen, in uns zur Wahrheit wird. Dies funktioniert auch im postindustriellen Alltag – im Informationszeitalter.

Nehmen wir die profanere Ebene des Märchenerzählers her: den Journalisten. Er „erfindet“ nichts. Oder doch? Und wenn er etwas erfindet, ist es dann nicht schon auch wieder handfeste Wirklichkeit, weil diese ja schon in dem Augenblick der Erfindung und da wir sie erfahren, in uns zur Wahrheit wird? Stellen wir uns aber die Frage ruhig noch einmal in aller Ruhe: Warum gibt es den journalistischen Beruf heute noch immer in der Form eines ganz speziellen „mythologischen“ Segmentschreibers und „Erzählers“? Weil er ein Feld eines Bedürfnisses nach Wirklichkeit abdeckt.

Dieses ganz spezielle kommunikative Feld im Bereich der Märchen und Mythen sind die Reiseberichte. Die Reisejournalistik ist angesichts der Mobilität jener, die Reiseberichte lesen oder sehen, eigentlich überraschend. Oder auch nicht! Denn hier geschieht buchstäblich die Magie des Märchens. Es ist schön, immer wieder die Geschichten zu hören. Egal, ob wir die Orte kennen oder nicht.

Ich habe mich immer wieder gefragt, warum es bei den Berichten von „anderswo" nicht zu einem „originatormedialisierten", sondern zu einem „mediatormedialisierten" Prozeß kommt. Warum fährt einer von uns dort hin und berichtet uns dann zu Hause von dort? Warum tut dies nicht einer von denen, die dort sind, von dort aus? Wäre es nicht einfacher und authentischer, wenn jemand von „dort" für uns über sich und sein Leben und seine Kultur berichtet? Was sagt uns diese merkwürdige Sonderform der Kommunikation? Ist das nur die Sehnsucht nach dem fahrenden Sänger, eine unbewußte Nostalgie? Oder ist es mehr? Es ist mehr!

Wir glauben einem von uns mehr, einem, der die „Erschwernisse" einer Reise auf sich nimmt, um es durch unsere Augen zu sehen, als Schatz zu suchen, zu finden und *unsere Fragen zu stellen*. Wir glauben dem eigenen Stammes- und Kulturangehörigen, es für uns als „unser" Erlebnis besser herausarbeiten zu können, wie und wo sich die Kultur der anderen von der unseren unterscheidet.

Er ist der Kommunikator des Unterschiedes, womit wir beim Kern der Kommunikation wären: Er vermittelt uns als eigener Stammesangehöriger das andere und sagt uns über das wirklich Andere das, was uns unterscheidet, und nicht über das Gleiche.

Dieses „medialisierte" Ritualverhalten der internationalen Reiseliteratur zeigt uns, daß wir die Welt mit unseren Augen durch einen kompetenten und weltkundigen Menschen sehen möchten, der uns als *Mediator* zwischen jener fremden Welt und uns dient und die „Andersartigkeiten" dieser weit entfernten Welt für uns übersetzt. Daher genießt der Mediator einerseits ein hohes Realansehen, aber ein merkwürdig niedriges Fiktionalansehen, das heißt, in jeder Umfrage wird der Journalist als minderwertiger Beruf dargestellt, denn es ist ein dienender Beruf! Der Journalist dient unserem Bedürfnis nach Übersetzung. Wir setzen den Journalisten gleich mit einem dienstbaren Geist, der unsere Vorstellung zu erfüllen hat, und „hassen“ ihn, wie wir alles hassen, wessen wir bedürfen, ohne es zu wissen und bewußt und gewußt zu wollen. Da der Journalist überdies unsere Vorstellungen von Genauigkeit und Erwartungshaltung nicht erfüllt, weil er eben zu uns nicht perfekt kommunizieren kann und wir ihm daher unser Feedback oft nur als Rüge für Mißlingen übermitteln, übermittelt ihm das Feedback eine negative Zensur, ein „Nicht gelungen“ und gibt damit auch ein Werturteil zu diesem Beruf ab.

Es verbleibt jedoch die unumstößliche Tatsache, daß wir in Journalisten und Redakteuren einen bezahlten Partner in den Medien haben, der extra dafür tätig wird, für uns die Welt durch unsere Augen zu sehen, wobei diese Augen, die die Welt sehen, durch das geprägt sind, was der Journalist bereits für uns gesehen hat. Er entzaubert für uns die Geheimnisse, er löst die Rätsel, er steigt hinab oder hinauf in die Unter- oder Überwelt, er meistert Gefahren, er besteht Prüfungen und er kommt mit dem Schatz zurück. Wir bekommen dabei sein Welt-Bild gleich mitgeliefert. Er siebt für uns dreifach: erstens kulturell allgemein, zweitens durch sein Medium und die in ihm gebildete Meinung, drittens durch die kulturell kumulativ zugewachsene Erfahrung aus seinem speziellen Beruf.

Der Stamm der Reiseberichterstatter ist ein ganz wesentlicher in unserem Weltbildkonstrukt. Die Stammesmitglieder werden uns immer nur jene Dosis verabreichen, von der sie wissen, daß wir sie vertragen, und die uns süchtig macht nach neuen Schüben ekstatischer Lust des Reisens in alle Welt – eines Reisens, das uns überall hin entführt wie ein Märchen – und uns pünktlich wieder in diese Welt entläßt, wenn jemand schreit: „Abendessen …“

5.3 *Das Essen*

Essen: der Ausdruck des sozialen Status, der kulturellen Örtlichkeit und der persönlichen Befindlichkeit. Das öffentliche Zelebrieren des Essens, die private Notwendigkeit, zu essen, drücken nicht nur in der Gastfreundschaft einen kommunikativen Aspekt des Essens aus, sondern auch im Individuellen. Sag mir, was du ißt, und ich sage dir, wer du bist. Persönliche Präferenzen wie fleischloses Essen oder religiös determinierte Essensrestriktionen sind eine Seite, die andere ist die private Entscheidung für oder gegen ein Lebensmittel.

Grundsätzlich unterscheide ich die Fleisch- von den Pflanzenessern. Die Pflanzenesser sind aggressiver als die Fleischesser, wiewohl dies ein enormer Widerspruch zu sein scheint. Die Pflanzenesser verteidigen das korrekte und aufrechte Schonen aller Lebewesen auf militante Art und Weise und schonen dabei weder andere noch sich selber. Die Fleischesser sind toleranter. Sie bekennen sich zu ihrer Brutalität, zu ihrem Hedonismus, zu ihrer riskanten Lebensweise, zum Spiel mit dem Leben und dem Tod. Sie gehen unbefangener in das Leben und sind daher auch leichter als Partner und Freunde zu gewinnen. Müsli- und Pflanzenesser sind extrem missionarisch und intolerant. Ihre politische Correctness korrespondiert mit ihrer nutrimonalen Correctness.

Essen ist die Form, die noch am meisten alle Kulturen different erscheinen läßt, jedoch ist die Abschaffung des kulinarischen Heimwehs – und damit die strikte Stammestrennung – längst vollzogen. Der Italiener an der Ecke ist abgelöst durch den Vietnamesen, der Chinese durch den Mongolen und die koreanisch-japanische Küche ist ohnedies ein weltweites Sino-McDonalds.

So ist die Stammesunterscheidung beim Essen keine der nationalen geografischen oder auch der Einkommenslagen (alle können sich alles leisten – so wie auch im Urlaub „alle" sich alle Örtlichkeiten der Welt leisten können), sondern eine, die von Religionen (koscher, Freitagfleischverbot, Schweinefleischverbot etc.) und persönlichen Präferenzen gemacht ist: das rituelle Essen im Zusammenkommen zweier Fremdheiten, die einander über die Schnittstelle Essen einander verdaut werden wollen.

Dieser Aspekt des Essens ist klar. Jedoch sind die Essensrituale weit mehr als nur Ausdruck von Gastfreundschaft – sozusagen der Reisepaß zum Territorium des jeweils anderen –, sie sind auch Trennsymbole. Der vorsätzliche Verzicht auf Genuß bei gleichzeitiger Behauptung desselben zeichnet so manche Sonderform des Eßverhaltens aus: das fleischlose Essen; das alkoholfreie Trinken; der Verzicht auf Gewürze; aber auch die Grillrituale, das Essen bei McDonalds als Überwindung der strengen rituellen Form, sind ihrerseits wiederum Rituale.

5.4 Die Kleidungsrituale

Kleidung ist eine extrem valide Form von persönlicher Kommunikation. Das Individuum unterscheidet sich in der Kleidung als Individuum und ist dennoch Sozialwesen in seiner Kleidung und durch seine Kleidung. Das Wesen, das als einzelnes geboren und zur Gemeinsamkeit verdammt ist, versucht über die Kleidung und Nichtkleidung, über das Hinzufügen und Weglassen, sich Ausdruck zu geben als Individuum und als Örtlichkeit in der Gesellschaft. Es ist nicht so, daß die Kleidung allein auf Basis der Zugehörigkeit zu einer sozialen Schicht gewählt würde.

Es ist vielmehr so, daß die Kleidung auch in reziproker Weise die Sozialstufe bedingt. Kleider machen bekanntlich Leute. Wie wichtig Kleider sind, geht ja auch aus der Fabel „Des Kaisers neue Kleider“ hervor, in der die totale Hinweglässung der Kleidung des Kaisers auch zu einer totalen Leugnung seiner Nacktheit durch die Untertanen führt.

Nackt ist keine Kommunikation möglich, die als Mitaussage die Kleidung beinhalten würde, aber auch Nacktheit sagt einiges aus über „Be-Kleidung". Nacktheit ist auch eine Kommunikation: die Kommunikation der Gleichheit ohne Kleider, womit ja auch gleichzeitig die Kommunikation der Ungleichheit, die in der Bekleidung manifestiert wird, stattfindet. Die Freikörperkultur der Sozialisten war Ausdruck der Entkleidung von Hierarchien. Die Ungleichheit in der Bekleidung, die Örtlichkeiten der Mode, sind starke Aussagen zu den Örtlichkeiten der Kommunikation: der Stamm der Levis-Träger, der Stamm der Italo-Designer-Freaks, der Stamm der Verweigerer, der Stamm der Billigkäufer: sie alle drücken aus, wohin sie sich zugehörig fühlen und mit wem sie zu verhandeln zu beabsichtigen und wem sie zu signalisieren trachten, nicht so zu sein. Kleidung ist ein hervorragendes Grenzziehungsinstrument. Es zieht die Grenze zwischen Einzelnen und verbindet Gruppen zueinander, sodaß sie sich von anderen Gruppen unterscheiden können. Aber Achtung: Kleidung ist nur die vordergründige „visuelle Sprache" der Differenzierung oder der Zugehörigkeit. Sie ist der erste Grenzbalken, der trennt oder geöffnet ist für eine Verbindung. Immer noch wird hinter der Kleidung auch die reale, verbale Sprache selber die Grenzen ziehen oder auflösen – denn Kleidung ist wohl in den meisten Fällen eine analog zum „Sprachkleid" des Individuums gewählte, jedoch auch oft eine Verkleidung (Hochstapler, rituelle Kommunikatoren wie Priester oder Militärangehörige). Wird die Sprache der Verkleidung gewählt (das rituelle Priesterlamento oder der Befehlston des Militärs), ist die Sprache und die Kleidung eines – wird jedoch der Hochstapler im feinsten Brioni-Anzug dabei ertappt, wie er weder den dazugehörigen Martini „geschüttelt und nicht gerührt" haben möchte, noch in fernöstlicher Mystik bewandert oder Baudelaires und Bordeaux' nicht mächtig ist, Aktienkurse nicht kennt und kann, dann hilft ihm alles nichts, dann bleibt er Ausländer – ein Ohnmächtiger der Sprache.

5.5 *Charity*

Je besser es einer Gesellschaft geht, desto augenscheinlicher werden die Benachteiligten in ihr. Es kann einer Gesellschaft aber nur besser gehen, wenn sie es zuläßt, daß einige ihrer Tüchtigen – die Elite eben – den anderen davoneilt und ihre Geschwindigkeit zur Norm macht. Das bedeutet aber, daß gleichzeitig mit dem Davoneilen der Elite jene, die auf der Strecke bleiben, zahlenmäßig wachsen. Gleichzeitig sind jene, die davongeeilt sind, auch dem Staat davongeeilt, denn er hat sie davoneilen lassen und sich seiner Bändigungs- und Moderationsqualität teilweise entledigt bzw. deren Griffe gelockert.

Die Liberalität eines Staates fördert einerseits den Erfolg, andererseits ermöglicht sie auch die Freiheit des Mißerfolges. In diesem Szenario entsteht eine genügend große Gruppe von Wohlhabenden, der eine genügend große Gruppe von extrem Verarmten gegenüber steht. Dies fordert die wohlhabende Gruppe heraus, die Aufgaben des von ihr entmachteten Staates zum Teil zu übernehmen. Dies fußt wohl auch auf schlechtem Gewissen, aber auch auf einer Betroffenheit, zu der auch wohlhabende Menschen noch immer fähig sind.

Wohlhabende Menschen sind meist auch gebildete Menschen, daher wissen sie um den Zusammenhang Bescheid: Wenn es allen in der Gesellschaft besser geht, geht es auch der Gesellschaft besser. Eine zu große Anzahl jener, die von der Gesellschaft ausgeschlossen und hoffnungslos sind, kann zu einem kontraproduktiven Element einer Gesellschaft werden. Es macht keinen Spaß, seinen Reichtum in einem Getto zu leben, oder um die körperliche Sicherheit fürchten zu müssen, weil die verarmten zu einer Armee der Hemdlosen oder einer angriffslustigen Horde werden.

So hat die Charity neben der Betroffenheit auch die Vernunft als Basis. Weil Österreich der achtreichste Staat der Welt ist, beginnt nun hier auch zeitverzögert das Gewissen einer zivilen Gesellschaft zu wachsen: das Gewissen gegenüber den Armen, aber auch das Gewissen gegenüber der eigenen Verpflichtung, das Leben in der Gemeinschaft der Wohlhabenden abzusichern und den Nachkommen eine wohlhabende, sozial stabile Gesellschaft zu übergeben. Charity ist ein erstklassiges Instrument, der sozialen Kälte zu entkommen, denn sie bindet ihresgleichen – die Charitygeber – zueinander. Sie bindet auch die Gesellschaft zueinander und macht der Gesellschaft ihre eigenen Konturen sichtbar. Sloterdijk schreib in seiner neuesten Großschwadronade über die „Blasen", die der sozialen Kälte entgegengesetzten Heimeligkeiten der Gruppen. Er meint damit wohl auch, was ich profaner als „Stämme" bezeichne.

Dieses Gewahrwerden der Gesellschaft fördert das Fördern der Gesellschaft. Charity ist somit mehr als ein simpler Geldsammel- und Austauschprozeß. Charity ist Symbol eines Stammes, selbstauferlegte Verpflichtungen organisieren und kontinuierlich durchführen zu können.

Das Zusammenkommen an schönen Plätzen, das wohltätige Trinken und Essen, der Konsum von hehrer Kultur und schönen Worten hat in der Elite eine ähnliche Funktion wie der Fußball im Proletariat. Die Charityevents und die Charity an und für sich sind das Beruhigungsprogramm der Eliten. Man kommt zusammen, um anderen zu helfen, statt einander den Kopf einzuschlagen. Gelder werden nicht dafür verwendet, Kriegskassen gegen seinesgleichen zu füllen, sondern jenen, die gegen die herrschende Schicht mobilmachen könnten, durch einen satten Magen die Energie dazu zu nehmen. Manchmal werden diese Wohltätigkeitsrituale allerdings zu einer rein sozialen Meet-and-Greet-Gesellschaft pervertiert. Man ißt ein wenig, man sammelt ein wenig, man verbraucht das Gesammelte in der eigenen Institution und Struktur. Auch wenn es heißt, daß nur 10 bis 15 Prozent der eingenommenen Gelder der Verwaltung zuflössen, so stimmt das in der Wirklichkeit meist nicht, denn gesammelte Gelder werden auch zweckentfremdet bis hin zu Wahlkämpfen für Adelige.

In der Wohltätigkeitsbranche oder im Mitleidsbusiness, wie es auch heißt, tummeln sich daher die vermeintlich Mitleidslosen – die Erfolgreichen. Unter den Erfolgreichen tummeln sich jene, die die Zukunft entweder schon hinter sich haben (Senioritätsprinzip) oder aber jene, die aus dem Erwerbsleben weitestgehend ausgegliedert sind wie Frauen, die in reichen oder gesicherten Verhältnissen leben. Dies ist auch eine Voraussetzung für die Charity, da man ja seinesgleichen kennen und erkennen muß: entweder persönlich und direkt oder an den Zeichen, an den Ritualen und an den Orten. Denn Charity ist eine Kirche der Wohltätigen. Nicht immer gibt man gern. Der sanfte Zwang wird mit dem Ranking des Charityorganisators oder Forderers auf der sozialen Stufenleiter variabel. Je höher oben der Schnorrer ist, desto eher gibt man, weil man auch zurückbekommt. Wenn Kanzlersgattinnen Sport gegen Drogen veranstalten, können Bankherren schwer nein sagen, wenn sie Geld geben sollen (Vranitzky).

Rund um die Charityelite tummelt sich eine Gruppe von Bemühten. Das sind jene, die eine Umwegrentabilität für ihre Bemühungen erwarten. Mehr Anerkennung, bessere Chancen in der Zukunft, Aufbau eines Netzwerkes, das sie ansonsten nicht aufbauen könnten. Das Ritual der Charity ist also ein zutiefst demokratisches Ritual, weil es die Elite mit den Ausgeschlossenen und Deprivierten verbindet und einen Bogen herstellt in der Gesellschaft, der die ganze Gesellschaft umfaßt und dieser auch klar macht, daß wir alle eine Gruppe sind.

5.6 *Das Messerstecherritual im Straßenverkehr oder Die Rituale der kollektiven Verkehrserziehung*

Es ist bei uns so, daß sich die Leute gerne den anderen in den Weg stellen, weil sie glauben, sie erziehen zu müssen. Das führt zu einer sehr negativen Schleife. Auf gleicher Höhe – sozusagen in automobiler Pattstellung – zu sein, bedeutet sofort und reaktiv, daß Überholen unmöglich gemacht wird. Daher gibt es bei uns auch diesen Messerstecherverkehr. Man sticht mit dem Auto wie mit einem Messer in den freien Raum. Die Vorhersehbarkeit dieser Verhaltensweisen ist deshalb so groß, weil wir alle Teil dieses ständigen Kampfes – Substitutionsrituals – sind, das uns ein bißchen Größe vermittelt inmitten eines Meeres von Mittelmäßigkeit.

Der territoriale Aneignungsreflex ist bei allen österreichischen Straßenverkehrsteilnehmern gleich ausgeprägt. Allein der Blick in das Auge des anderen verheißt nicht nur nichts Gutes, er ist der Auftakt zu einer Fehde: „Na du sicher net", die auf Biegen und Brechen geführt wird.

Aus diesem Ritual des Messerstechens und Gewinnes kann nur der aussteigen, der um Gnade wimmert. Ähnlich, wie der Blick hinüber zum Autonachbarn an der Kreuzung genügt, um ihn zu provozieren und eine Machtentfaltung in Gang zu bringen. Um eine Machtentfaltung außer Kraft zu setzen, genügt auch der unterwürfige Blick. Die Entwaffnungssignale zeigen Wirkung, der andere gibt gnädig nach.

Man bietet dem Mitbewerber um den Platz gleichsam die Halsschlagader an, in die er beißen kann, und zeigt jenes Ausmaß an Unterwürfigkeit, das jede Aggression zum Erlahmen bringt. Man begibt sich in die Kind-Rolle und nützt den Reflex des Schutzes, den auch brutale Menschen – Männer – gegenüber schutzlosen Kindern haben. Sie können ihre Aggression nicht mehr entfalten und geben nach. Dieses Nachgeben wird mit einer gnädigen Geste auch noch als solches besonders unter Beweis gestellt. Und der in den Genuß gekommene Verkehrsteilnehmer, der sich nunmehr zum Beispiel einfädeln kann, überholen kann, links abbiegen kann oder ähnliches, bedankt sich artig mit Lichtzeichen und Gesten. Diese rituelle Handlung an der Kreuzung, das Gebet der Über- und Unterlegenheit, findet täglich vieltausendmale statt.

Es findet aber nur in Gesellschaften statt, in denen diese Brutalität sozusagen als Kirchenritus festgeschrieben ist.

Der Kirchenritus unseres Straßenverkehrs ist jener der Brutalität und der Aggression. Daher gibt es auch die Gebote „Vorsicht–Rücksicht" und vielerlei mehr. Gesellschaften, die sich schon etwas weiter entwickelt haben und die den Straßenverkehr nicht mehr nur als Spielwiese ihrer ohnmächtigen Machtentfaltung oder der ohnmächtigen Machtentfaltung entmündigter Bürger sehen, haben hier weniger Probleme. Dort funktioniert der Verkehr anders.

Man fährt nicht einfach Auto als Gleicher unter Gleichen, da der Vergleich ständig angestellt wird und das Autofahren ausschließlich im Hinblick auf die anderen, aber nicht nach dem Motto „Vorsicht–Rücksicht", sondern nach dem Motto „Ich beziehe meine Geschwindigkeit ausschließlich auf deine" geführt wird. Die Geschwindigkeitsdifferenz können wir als Verhältniszahl in unserer Machtökonomie zum Ausdruck bringen. Da niemand mächtiger sein darf als ich, muß ich immer mindestens gleich schnell sein, wenn nicht schneller. Das führt auch dazu, daß sich auf der Autobahn nach einem schnell Überholenden zwei, drei mit brustschwachen Motoren, am letzten Nagel fahrend, anhängen, bis sie erschöpft aufgeben müssen – also abgehängt werden.

Aber es war zumindest der Versuch, in der Geschwindigkeitsökonomie Parität herzustellen. In einem solchen Straßenverkehr kommt es natürlich auch zu Amokreaktionen. Die Österreicher als die mentalen Neffen der Germanen haben im Gegensatz zu diesen dabei absolut keine Disziplin.

5.7 *Die Kinder-Widerstands-Rituale*

Kinder und Politik? Ein politisches Ritual? Selbstverständlich.

Kinder sind eine Gruppe – eine mehr oder weniger machtlose, auch wenn uns das nicht immer so scheinen mag, wenn sie uns auf die Nerven gehen und als Quälgeister massive Schneisen in die Ruhe unserer Tage schneiden und schlagen. Aber: Die Kinder sind nicht nur machtlose Quälgeister – das Quälen ist ihre Art, Widerstandskämpfer zu sein. Sie sind nicht nur die Guerilla, die unsere Beschaulichkeit unterminiert und durch spitze Schreie Löcher in die Stille schießt oder uns buchstäblich auf Trab hält. Nein, Kinder sind viel mehr: sie sind politische Akteure. Manchmal sogar bewußt, meist jedoch wohl unbewußt.

Ein Kind, dessen Leben die Erwachsenen bestimmen – sie nehmen ihm das Spielzeug weg, wenn es zu laut ist, maßregeln es und berauben es seiner Freizeit, wann immer sie wollen – hat nur eine sehr beschränkte Auswahl von Widerstandshandlungen. Der offene Kampf – und das nennt man politischen Instinkt! – ist für das Kind nicht die strategische erste Wahl seiner Möglichkeiten. Kinder üben Widerstand, in dem sie sich eine erwachsenenfreie Zone schaffen, eine Gruppe bilden und gemeinschaftlich Gegenstände, die den Erwachsenen gehören, umzingeln und dem Erwachsenen wegnehmen. Die kleinen Diebstähle äußern sich speziell im Eindringen in fremdes Territorium und im Beutemachen: die kleinen Diebstähle, das Entwenden oder Bebeißen von Äpfeln, aber auch die kleinen Boshaftigkeiten, die den Erwachsenen etwas von ihrer unbeschränkten Freiheit rauben – sei es ein wenig Uhu auf einem Sessel eines Lehrers, ein Stolperdraht, der aufrechte Erwachsene ins Straucheln bringt, gleichsam das Max und Moritz-Symptom. Sie sind es, die den Widerstand der Kinder, vor allem auch den organisierten Widerstand in kleinen Gruppen, verdeutlichen.

Die Herausforderung durch die Kinder wird von den Erwachsenen in ähnlicher Form wie in einem Rudel von Pavianen zurückgewiesen: sie plustern sich auf, schlagen sich auf die Brust und brüllen die Kinder nieder. Wenn Sie beobachtet haben, wie es abläuft, dann merken Sie, daß der Mensch wirklich nicht mehr ist als ein Animal educabile – ein erziehbares Tier, aber daß das Tierische in ihm sich ungehindert Bahn verschaffen kann. Erwachsene stürmen auf die Kinder zu, die Kinder stieben in Panik davon, der Erwachsene bleibt stehen, weil er mit dem Werk des Schreckeneinjagens zufrieden ist. Ein Erwachsener, sofern er gesund im Kopf und im Herzen ist, schlägt auch stehlende Kinder nicht. Denn was ist schon ein Apfel gegen das Bewußtsein, daß dies so sein muß, weil es eine rituelle Handlung zwischen Macht und Ohnmacht ist. Ein Erwachsener mit Herz und Hirn erkennt instinktiv, daß dieses Ritual zu einem Tausende-Generationen-Zyklus gehört und so sein muß, weil die Welt sich nicht weiter dreht, wenn es nicht Herausforderer gibt, die eines Tages, wenn man als Erwachsener aus seinen Machtpositionen abdankt, diese Machtpositionen auffüllen. Und woher sollten sie Macht kennen und managen können, wenn sie sie nicht schon durch Spiele in ihrer frühesten Kinderzeit erwerben. Das funktioniert in den Herden im Tierreich, das funktioniert natürlich auch in den Herden der Menschheit.

Ein Erwachsener stürmt also auf die Kinder zu, bläst seinen Hals durch lautes Schreien auf, läßt den Kopf rot hervortreten, die Zornesader schwillt an, die Kinder machen sich vor Angst fast in die Hose und merken, daß sie im Flüchten bereits eine größere Behendigkeit aufweisen als der Erwachsene im Jagen. Das stärkt ihr Selbstbewußtsein, obwohl sie gleichzeitig natürlich in ihrer Angst gefangen sind. Der Erwachsene, der nun halbwegs – also halben Weges – seine Anstrengung abbricht, weil er auch einsieht, daß es sinnlos ist, und zwar doppelt: erstens, weil er die Kinder gar nicht einholen kann, und zweitens, weil er, selbst wenn er die Kinder einholen würde, sie dann nicht mit jener Energie zurechtweisen könne, die im Augenblick des Losstartens in ihm war oder noch ist (weil er sie ja dann mit einer solch überschüssigen Energie töten würde), unterläßt es nun. Er schreit ihnen noch nach, er bellt noch ein paar Mal, er blafft, knurrt und zieht sich wieder zurück in sein Reich, begutachtet noch den Schaden – schleicht um den Apfelbaum herum oder betrachtet das Beet mit den entwendeten und ausgerissenen Früchten oder inspiziert die Falle, in die er gerade getappt ist. Die Kinder indes haben sich wieder gefangen, sitzen zusammen und kichern über ihren Erfolg. Gleichzeit natürlich haben sie Angst, denn sie wissen, daß es auch zum Ritual gehört, daß der Erwachsene die Verbündeten im erwachsenen Bereich sucht – die jeweiligen Elternteile – und ihnen berichtet, daß er herausgefordert worden ist.

Nun gehört es zum Ritual, daß die Eltern sich ihre Macht, die ihnen vorübergehend durch eine Zusammenrottung von kindlicher Energie genommen worden zu sein scheint, wieder rituell zurückerobern und die alten Machtverhältnisse durch eine Strafpredigt wieder herstellen. Damit zwingen sie die Kinder wieder in jenen Zyklus zurück, der Ausgangslage war: Sie entmachten die Kinder, die dadurch gezwungen sind, ihre Ohnmacht wieder durch Machtspiele zu durchbrechen.

5.8 *Das Dichand-Republik-Ritual*

Der weitaus mächtigste Mensch in dieser Republik ist Herr Dichand. Er besitzt die reichweitenstärkste Zeitung, eine große Kunstsammlung und wenig Skrupel, wenn es um Macht geht. Er „besitzt“ ein „eigenes“ Gesetz (Kolporteure) und er besitzt die Ohren und Augen nicht nur eines Großteils der Bevölkerung, sondern vor allem der Politik. Nur wenige können sich seiner Macht entziehen. Die Prügelorgie für Herrn Einem ist nicht von schlechten publizistischen Eltern. Daß es hier mit den Rohrstock zugeht und Herr Dichand sich hier als Lehrer der Nation wähnt, zeigt auch sein Instrument, das er benutzt: Staberl. Damit schlägt er um sich und zeigt den Österreichern, daß sie von lauter Inferioren umgeben sind, denen man „mit dem Hammer in den Schuh helfen muß" (eine Staberltirade gegen UNO-Diplomaten).

Herr Dichand ist aber nicht nur mächtig, indem er schreibt (schreiben läßt), was in der Kronenzeitung geschrieben wird, sondern dadurch, was er nicht schreibt (schreiben läßt).

Mächtig ist er zum Beispiel, indem er mit Haider zwischen Seite 1 und Seite 5 buchstäblich Schlitten fährt – je nach Bedarf. Dabei trägt sein Handeln die Züge eines Übertragungsrituals. Auf Haider wird rituell die Meinung von Herrn Dichand übertragen. Haider äußert sich gegen die etablierte Politik dort, wo auch Herr Dichand sich äußern würde. Herr Dichand jedoch benützt Haider je nach dem Grad der Wichtigkeit dessen, was er gerade zu äußern wünscht. Äußert Haider etwas, das Herrn Dichand nicht wichtig ist, darf Haider dies ab Seite 5, unter „ferner liefen" in einer kleinen Fußnote äußern. Sagt Haider etwas, das Herrn Dichand wichtig ist, dann steht Herr Haider auf Seite 1 der Kronenzeitung. So hat Herr Dichand – metaphorisch – ein interessantes Steuerkasperle in der Hand, das dem rotgrünen Krokodil hin und wieder auf die Finger klopft.

Ganz so kraß, wie es mir zu Ohren gekommen ist, kann ich mir das Dichand-Republik-Ritual nicht vorstellen, jedoch scheint ein Kern Wahrhaftigkeit darin zu liegen, wenn gesagt wird, daß auch Herr Klima bei Herrn Dichand mit dem Rücken zuerst eintritt: sozusagen im Rituell die Kehrseite zeigend, wie – um ein Bild zu bemühen – einander Paviane die Kehrseite zeigen, wenn sie in friedlicher Absicht miteinander zu tun haben wollen. Dieses Unterwerfungsritual der Repräsentanten der Republik unter Herrn Dichand muß hier nicht real verifiziert werden. Es ist auch in den Äußerungen und in der Vorsicht der Politik deutlich erkennbar, wie sehr Herr Dichand nicht Politik kommentiert, sondern Macht macht. Egal, ob er eingreift in einen Präsidentenwahlkampf oder in Bauvorhaben, Ressentiments gegen Ausländer zuläßt oder sich eines guten Zwecks annimmt, Herr Dichand zelebriert diese Republik auf seine Weise. Nicht von ungefähr kommt die Titelschlagzeile eines Wirtschaftsmagazins im Juni 1994: „Ist die Krone mächtiger als der Kanzler?"

Angesprochen auf die Macht des Herrn Dichand, hat der in seinem Blatt kommentierende Helmut Zilk gesagt: „Das ist eben Demokratie, daß es eben dort auch möglich ist, solche Unternehmen zu besitzen und in ihnen zu wirken." Dem ist nicht viel hinzuzufügen. Es ist schon richtig, daß die Demokratie auch jenes gebären muß, das an sich undemokratisch werden könnte. Und Noam Chomsky behält am Ende auch Recht, wenn er sagt: „Eine Gesellschaft läßt sich nicht vollständig zähmen." Alles zusammen – die kleinen Freiheiten, die Liberalen, die trotz Widerstand des Herrn Dichands eine Präsidentschaftskandidatin nominieren oder unterstützen, ein Verkehrsminister, der trotzig und wehrhaft so tut, als gäbe es die Kronen Zeitung gar nicht –, sind Zeichen für die Macht der Kronen Zeitung. Sie sind auch Zeichen für ein Ritual, das in Familien üblich und sichtbar wird: das trotzige Kind-Ritual, das dem Übervater, der mit Staberln auf einen einschlägt, nicht nur in die innere Immigration davonläuft, sondern ihm auch hin und wieder die Stirn bietet, in einer pubertären Wehrhaftigkeit, wie es einer junger Demokratie – und Österreich ist eine solche – eben gemäß ist. Sie hat noch so starke autoritäre Züge, unsere Demokratie, daß ein Mann wie Dichand möglich ist. Sie hat aber auch schon so viel pubertären Widerstand, daß er in seinem Haus nicht mehr ungestört schalten und walten kann, wie er will, sondern mit zunehmendem Widerstand zu rechnen hat.

5.9 *Versammlung und Rede*

Das Versammlungs- und Sprechrechtritual.

Wie demokratisch ist eine Gesellschaft, die noch im Nachhall einer Diktatur und in deren Mentalität lebt? Das ist eine meiner großen Fragen. Wie sehr gibt es die Tendenz, Rederechte und Schweigepflichten obrigkeitlich zu organisieren?

Das Recht, zu reden und die Pflicht, zu schweigen kann als jeweils freiwilliger Akt nur in demokratischen, mit Wissen ausgerüsteten zivilen Gesellschaften ausgeübt werden.

Der allgemeinen verbrieften Freiheit, zu reden, stand bisher historisch betrachtet eine viel längere Periode der allgemeinen Verpflichtung zum Schweigen gegenüber.

Öffentliche Kommunikation war in den meisten Staaten Europas bis in die zweite Hälfte dieses Jahrhunderts eine „Einweg-Befehls-Verhaltens"-Kommunikation, der zwangssozialisierte nationale und nationalisierte Bürger war der Kommunikation ausgesetzt. Er wurde zum Staat und zu dessen Obrigkeitsanspruch hin sozialisiert. Er hatte kein oder sehr wenig Recht, zu reden und nur die Pflicht des Schweigens auferlegt bekommen. Die offizielle Linie wurde von oben vorgegeben.

Wir kennen den barschen Ton der Befehle, wie „Halt den Mund", oder das Gefühl, wenn es uns die Rede verschlägt, oder wir die Sprache der Zwangsgewalt nicht verstehen und Dolmetscher in Form von Rechtsanwälten brauchen.

Wir finden heute noch genügend Hinweise in unserer Sprache, die zeigen, wer das „Sagen" hatte. Noch heute macht die Politik „Zugeständnisse" an die Bürger, zumindest verbal versucht sie noch das Territorium der Macht ungeteilt und unbehelligt von Bürgereinwänden zu dominieren. So verwundert es auch nicht, wenn es in der Sprache nur so von Verboten, Präventivvokabeln und Eindämmungsvokabeln wimmelt: Betreten verboten, Antiraucherkampagnen, Geschwindigkeitsbeschränkung, Ladenschlußzeiten – die nunmehr doch zu Öffnungszeiten werden und vieles mehr.

Die politischen Verhältnisse ändern sich durch das mutig in Anspruch genommene Recht, zu reden. Von Leipzig bis Belgrad. Durch den Rechtsbruch sozusagen. Denn das Recht auf Sprache ist ein Obertanenrecht, das Untertanen ein Schweigen aufzwingen will. Die Zivilcourage, die Infragestellung von Obrigkeiten schafft neue politische Verhältnisse. Möglich ist dies, wenn das „Mitreden" so öffentlich erfolgen kann oder muß, daß es nicht überhört werden kann. Das „Müssen" zur Verständigung mit und in der sogenannten breiten Öffentlichkeit ist im Konsum und in der entwickelten Industriegesellschaft eine Voraussetzung für deren Funktion.

Information ist heute ein Konsumgut geworden wie Zahnpasta und Erfrischungstücher oder ein Urlaub in Bali – nur etwas komplexer. Es gibt heute genauso wie bei Lebensmitteln das Food processing auch das Information processing. Welche Rohstoffe kommen in meinen Informationsburger? Wieviel „Junk information" gibt es? Was macht uns sprachlos, woran ersticken wir, was ernährt uns fehl? Weil wir die Wahl haben, haben wir die Qual. Und die Verantwortung.

Die Last der Entscheidung ist auf den Konsumenten gekommen. Seine gewonnene politische Freiheit und die Freiheit, seine „Information" zu konsumieren, ist auch gleichzeitig ein Fesselungsinstrument: Der Konsument ist in der Frage verhangen und verfangen: Wo ist (meine) Kommunikation? Wo muß ich mit-reden? Wo ist Schweigen angebracht? Der Konsument der Redefreiheit gibt sein Recht gerne ab: auf jene, die er legitimiert, für ihn zu sprechen.

Wer das Recht zu reden hat oder es sich nimmt, erzwingt die Pflicht des Schweigens bei seinen Adressaten. Damit ist für diese Zeit ein unwillkürliches Machtgefälle vorhanden: geben–empfangen. Der Absender entzieht sich in diesem Augenblick selbst dem Schweigen und wird „mächtig" – der Rede mächtig, der Stimme mächtig. Das sind schon starke semantische Hinweise auf den Charakter der Redefähigkeit. Nicht nur in dem Augenblick, in dem geredet wird, sondern durch den Nachhall der Macht, der in den Worten liegt, die die Sprache der Sprachbesitzer absondert. *„Wer das Recht zu reden hat, oder schweigen muß, wer zuerst reden darf und wer das Recht hat, bestimmte Sprechakte durchzuführen, hängt vom Status der Sprechenden Person ab, oder mit anderen Worten – von der Verteilung der Machtverhältnisse in einer bestimmten Gesellschaft." (Gugenberger)*

Je mehr Kenntnis über den Sprachkodex im jeweiligen Informationssoziotop herrscht, desto mehr Macht kann ausgeübt werden, oder realistischer: desto geringer wird die Ohnmacht.

Rederechte sind das Ergebnis von Machtkämpfen. Das ausgeübte Recht des Redens erzwingt die Perpetuierung der Schweigepflicht. Auch das inadäquate Reden ist eine Form des Schweigens, eine Stummheit vor der Macht. Sie kennen sicher auch Sprachformen, die genau enthüllen, wo die Macht ist. Der weinerliche Oberton von Untertanenkommunikation – hierzulande auch Raunzen genannt – entlarvt deutlich, wo jeweils die Macht und die Ohnmacht sitzen. Aber was wäre der Tyrann ohne seine Opfer? Wir merken das, wenn Politiker über abhandenkommenden „Loyalitäten" raunzen. Auch die Schwäche der Lautstärke ist ein Zeichen für kompensierte Machtlosigkeit. Die Lautstärke der politisch Stillen ist im phonetischen Sinne erheblich größer als jene der Mächtigen. In den Salons der Macht herrscht gleichsam akustisches Schönwetter.

Wer besitzt die Sprache, das wesentliche Element der Kommunikation?

Es sind die Mächtigen. Jene, die die Welt gestalten.

„Wer die Welt verbessern will, der muß zuerst die Sprache verbessern", sagte schon Konfuzius. Die Welt verbessern heißt: Leben lesenswerter und sicherer machen und die Mit-Sprache gerechter verteilen.

Die Welt kennt Informationshelden und Informationsbettler.

Die, die Helden sind, kennen sich aus. Sie plustern sich auf und verstellen den Stillen den Weg. That's Balzer-Life.

Es gibt Informationskrösuse und Informationsproletariate. Wer im Informationszeitalter nicht aktiv an Information teilhaben kann, ist zur sozialen und wirtschaftlichen Verarmung verdammt. Wer die Tänze nicht beherrscht, muß stehen bleiben. Do kenn ma kane Tanz, net woa.

Wer nicht mitreden kann oder darf, der hat keine Macht. Denn wer nicht kommuniziert, der kann kein Verhalten veranlassen, der ist apolitisch. Öffentliche Wirkung geht immer von der Sprache, der Ansprache, dem Mitteilenden, dem Tanzenden und Bewegten, aber selten vom Nichts-Sagenden aus. Das Nichtsprechendürfen ist die Freiheitsberaubung, denn es verdammt zur sozialen Immobilität.

Auch im Privaten verarmt man ohne die Fähigkeit zu kommunizieren. Wer zur Einsamkeit verdammt ist, der ist wirklich verloren. Denn er oder sie verlieren das Recht zu Reden.

Sie können auch die Pflicht des Schweigens nicht wahrnehmen, denn wer zum Schweigen verdammt ist, der kann sich selber keine Pflicht mehr darüber auferlegen.

Demokratie ist Kommunikation der Mehrheiten. Die Sprache der Mehrheiten. Es ist nicht so, daß in der Demokratie das Recht zu Reden gleich und gerecht verteilt wäre. Es ist nur nicht so institutionalisiert ungerecht. Es ist das Recht des Menschen im demokratischen Konsumismus, mitzureden um die Waren der Welt.

Und wenn Politik zur Dienstleistung und zur Ware – zur Hardware und Software der sozialen Organisation – wird, dann muß man bei ihrem Erwerb oder ihrer Anwendung „mitreden" dürfen und können. Das geschieht, jedoch ist das Gewicht recht unterschiedlich. Dennoch ist in der Demokratie das Programm, das läuft, ein Ergebnis vieler Stimmen, deren Gewicht und vor allem deren Ursache. Jedoch definiert die Demokratie auch, welche Sprache sie zu Wort kommen läßt, und welche sie zum Schweigen zwingt. Was dürfen Minderheiten in einer Gesellschaft, wie ist ihre Sprache integriert, kann sie frei ausgeübt werden? Wir brauchen nicht bis zu den indigenen Völkern Südamerikas gehen, um Sprachverbote oder Verweigerungen und Sprachimperialismus zu orten, auch direkt an der Grenze unseres Landes gab es das. Im Süden und im Osten. Und im Land selbst gibt es das auch. Im Süden und im Osten.

Wer frei reden darf, der sollte in die Pflicht genommen werden, oder sich selber verpflichten, diese Freiheit sorgfältig anzuwenden. Ein vielleicht etwas utopisches Wunschprogramm an die Macht. Aber es stimmt auch gleichzeitig: Aus dem Recht auf Sprache und Mitsprache entsteht automatisch die Pflicht. Die Pflicht kann sein, das zu Sprechende sorgfältig zu überlegen, aber die Pflicht kann auch sein, zu schweigen, und nicht die Pflicht zum Schweigen bei anderen zu erzwingen. Die Kunst der Rede ist nicht so groß wie die Kunst des Schweigens. Der Augenblick der Stille und die Fähigkeit der Pause, das sind die wahren Zeugnisse von kommunikativer Könnerschaft. Wer den Augenblick einmal aus der Hand gibt und ihn dem Zufall überläßt, der hat was zu sagen. In jedem Film, in jeder Musikkomposition, in jeder Sprache wird die Sprache auch erst durch das Schweigen, durch die Pause zur Kunst des Mitteilens. Daher ist die Kunst der Pause als „art of silence" zu verlängern. Die Pause hat ja nur zwei Ränder: einen Anfang und ein Ende. Im Inneren ist sie frei, sich selbst als Stille oder Zufall zu gestalten. Wenn wir still sind, sind wir stark. Das ist auch die Botschaft vieler Philosophien und Meditationen. Wer die Pause beherrscht, das Loslassen des Lärms oder der Sprache oder der Bilder, der hat schon was damit gesagt. Ein gutes Zeichen der Reife des Menschen ist es, nicht einzustimmen in ein Gebrüll, das zu einer Verstummung der einzelnen Sprachen gedacht ist, ein Gebrüll, das die Mitsprache übertönt und sprachlos macht, in eine Freiheitsberaubung der anderen auch sich äußern wollenden Sprache.

Man hat die Pflicht, zu schweigen, wenn durch Sprache öffentliches Wohl gefährdet ist. Das ist nicht immer leicht zu erkennen und im Nachhinein ist man sowieso klüger als vorher.

5.10 Der Sprachschatz

Wir haben 's „eh" probiert: Wir haben es probiert, es ist aber nicht gelungen.

Wir haben 's „eh" versucht: Wir haben es versucht, aber es ist nicht gelungen.

Wir haben „eh" zugesperrt: Wir können nichts für die Einbrecher. Wir haben die Tür zugesperrt, wir bereuen es, daß wir sie nicht offengelassen haben, dann hätten die Einbrecher beim Einbrechen nicht die Türe kaputt gemacht.

Dieses „eh" ist eine „eh"-lendigliche Entschuldigung für Unzulänglichkeiten. Dieses „eh" ist der Schrei um Nachsicht vor der eigenen Mittelmäßigkeit. Mit diesem „eh" wird eine virtuelle Großartigkeit erzeugt. Man habe sich ja „eh" nach dem Allerbesten orientiert, es sei „halt" nicht gelungen.

Das Kronjuwel unseres Sprachschatzes ist das Wörtchen „eh". Dies ist eines der wenigen Worte, das wir trotz der kulturellen Dominanz, die aus den deutschen Film und TV-Medien und der darin enthaltenen Synchronsprache über uns hereingebrochen ist, retro-exportieren konnte. Nach Deutschland hinaus. Dieses Wörtchen hat die Präzision des Deutschen ein wenig unterminiert. Ein wunderschönes Guerilla-Vokabel, zersetzend und aufweichend. „Eh" ist ein Instrument, das die Gewißheit aushebelt, indem es die Gewißheit betont. Es „eh" probiert zu haben, heißt nicht mehr und nicht weniger, als von vorne herein mit der Resignation das Mißlingen vorher gesehen und akzeptiert zu haben.

Sollten wir je aus diesem semantischen Sumpf heraus kommen, hieße das auch, daß wir das Heimweh nach Mittelmaß abgeschafft hätten. Dies gelingt nur, wenn unser Ritual des Nachbesserns, des „es sich Richtens" und der Wohlfahrtsterror abgeschafft werden. Das gegenseitige Erziehen und die Rituale, die daraus entstehen, sind Urheber dieses Sprachschatzes. Die Einmischungsvokabeln bedeuten ja nicht nur, daß man sich um jemanden kümmert, nein, man maßregelt jemanden anderen und weist ihn in die Schranken.

Das Spiel ist perfide. Hin und wieder heißt es, nachzugeben und sich „eh normal“ zu verhalten. Meist aber darf diese Einmischung mit einem: „Wie stellen Sie sich das vor?“ auch deutlich Verweigerungen formulieren. Und zwar nicht Verweigerungen, die man selbst als Grenze formuliert, sondern projektiv als Grenzen des anderen festschreibt: als Unzulänglichkeit und Infantilität. So zeigt dieser Sprachschatz, daß wir uns gegenseitig immer wieder zu lehrerhaftem Verhalten aufschwingen und aufstacheln. Erst wenn wir dies aufzugeben im Stande sind, wird auch dieser Sprachschatz verschwinden und ein neues Ritual einen neuen Sprachschatz gebären.

Jene, die die Nachbesserungsideologie zum Grundbaustein ihres Handelns machen, brauchen einen entsprechenden Wortschatz. Dieser Wortschatz ist durchsetzt von Vokabeln, die die Uneindeutigkeit bezeichnen. Der Sinn dieser Sprache ist es, Fragen zu stellen, aber auch in Frage zu stellen. Die Worte führen aus einem konkreten Bereich hinaus in das Dubiose. In das Obskure. Die Wahrheit hält sich bedeckt und äußert sich nicht konkret. Es bleibt immer noch die Möglichkeit einer Neudeutung, einer Andersdeutung, eines Zusatzes oder einer Verminderung offen. Dieser Sprachschatz zerstört Kommunikation, denn er ist der Zweifel schlechthin. Der Zweifel ob etwas vollkommen sein könne, der Zweifel ob etwas genüge, der Zweifel ob überhaupt jemand bei Trost sei, der dieses oder jenes äußere. „Gehen S', des glauben S' ja selber net“. Kürzer ist in unserem Sprachschatz das „Na, gehen S'“ als Prototyp eines Zweifels enthalten.

Das folgende kleine Wörterbuch listet rituelle österreichische Un-Worte teilweise mit der Erklärung, in welchem Ausmaß sie in jedem Falle verheerend wirken, auf.

alleweil — *Ich hab 's alleweil schon gesagt, gemeint, gedacht, alleweil schon gewarnt* etc.: rechthaberischer Versuch eines vollkommen machtlosen Raunzers.

auffallen net auffallen, nur net auffallen
de andan … (san schuld)
Des wird net funktionieren
Des hat noch nie funktioniert
Deshommaimmaschosogmacht

eh *Weiß ich eh, hab ich eh gesagt, ich hab 's eh probiert, das geht eh schon ganz gut, ich hab mir 's eh gleich gedacht, ham 's eh net kalt, ist eh net spät etc.* … Das „eh" ist die vorweggenommene Entschuldigung der Unzulänglichkeit. Das Eingeständnis des Versagens. Versuchen Sie, diese Vokabeln aus Ihrem Sprachschatz zu streichen.

eh klar Konstatierung des Evidenten. Da gibt es nichts zu deuten. Das ist so. Hier findet eine Positionsseinnahme statt, aber auch eine freudig erregte rechthaberische Bestätigung, *„eh klar, hab i mir eh gedacht, daß das so funktioniert; eh klar, Chef; verstehe, sowieso; es hat ihn auf die Goschn g'haut, des wor eh klar"* Hier ist nicht nur das Klare, Evidente, sondern auch das boshafte „eh" voll wirksam vorhanden. Im „eh klar" manifestiert sich die Schadenfreude, die Boshaftigkeit, die Rechthaberei, das gesamte österreichische Mentalitätsgefüge wohl am eindrucksvollsten von allen Sprachpartikeln.

eigentlich
Frag nicht!
ganz ehrlich, ehrlicherweise
Gebrechen *Stempelmarkengebrechen*
gehn S' *Hörn S' auf, gehn S';* erzählen Sie mir nichts; eine Abwertung des Gesagten
gehtnet
gewaltig Ein Wort zum Anbeißen. Es ist die verzückte Begeisterung, die die „Gewalt" als semantische Heimat des Großartigen darstellt. Wenn es „Gewalt" hat, ist es gewaltig, die Verherrli-

chung der Herrschaft liegt in diesem Lobeswort.

Gibt 's das schon wo?

g'schert

halt — *Da kann man halt nix machen, da muß man halt schauen.* In diesem „halt" steckt ein absolut mürrischer, raunzender Vorwurf, sozusagen eine Verweigerung des Mitgefühls – *Hätten Sie halt besser aufgepaßt.*

Ham S' g'hört?

Hat das schon wer gemacht?

Heansjetzwoatns

(abissl) — Das haben wir auch im Amerikanischen „wait a minute" (heißt aber „sofort")

heile — Vorarlberger Grußwort

haummanet

Ich hab mir gedacht

Ich hab mir gleich gedacht

Das ist die Standardaussage bei Dienstleistungserfüllung. Das Erwartete wird durch das nicht Vollkommene ersetzt und der Leistungserbringer sagt, er habe sich gedacht … (daß es „eh nicht so wichtig ist", daß es „eh wurscht" ist, daß sich der Auftraggeber nicht anscheißen soll …)

immer — immer scho, immer so, immer nur … etc.

ja, aber — Das ist die Blüte aus dem Unkrautgärtlein der Anpassung. Man geht kurz mit (ja) und wendet dann ein (aber). Dieses in allen Verkaufsseminaren hochdotierte Sprachblümchen hat längst seine Berechtigung verloren. Ein klares „nein" ist keine gefürchtete und zu fürchtende Negation, sondern in der Zeitökonomie ein höchst ökologisches wunderbares, klares Wort, das allen Beteiligten Klarheit verschaffen kann.

kan Richter brauchen

Konsum

läßt sich richten

man — Darin ist ebenfalls eine totale Verweigerung der Identifikation, eine Verallgemeinerung in die Masse, in die resignierende Masse. „*Man muß halt schauen* …“ wo man bleibt, daß man durchkommt, daß man net auffällt.

miachteln

Moment, Momenterl bitte

na geh!

na gehen S’

na sicher

na super

neimodisches Zeig

No na!

Nonanet!

nur — Ansage der Engstirnigkeit.

Oasch

paßt — Paßt eben nicht. Die Neugierde, ob das Unterdurchschnittliche durchgeht.

Provinz

Rapid

räumt ein — Das ist ein „gnadenhalber“. Wenn diese ostentative Nachgiebigkeit von der Politik gegenüber den Normadressaten praktiziert wird, ist das Wort auf der zwölfteiligen Unwort-Skala mit 10 Culoni bewertet. Eigentlich „muß“ die Verwaltung das ja nicht, es ist eine Gnade, eine Audienz, ein virtuelles Nachgeben, eines, daß entweder ohnedies als Dispositionsmasse der Politik machtmäßig schon aufgegeben worden ist, oder ein Sieg der bisher Unterlegenen, bei dem es nichts einzuräumen gibt (aktiv), sondern nur mehr „geräumt“ (der Platz, passiv) werden kann.

siehst es

super

Sag i ja

unterbringen — ein „Beziehungswort“. Könntn S’ mich wo unterbringen?
Herbergssuche von Unfähigen beginnt mit „Bringen S’ mi bitte wo unter …“

waaßnet

Was wüüst? — Wie stellen Sie sich das vor?

wissen S’

wissen S’ net

wissen S’ scho

wissen S’ aber schon

zugegeben — Auch ein Unwort, weil man hier über die Verweigerung zu einer Wahrheit kommt. Wenn dies von der Obrigkeit gegenüber der Untrigkeit geschieht, heißt das, daß bisher beschissen wurde. Eigentlich ein krimineller Akt – so wie das Einräumen „gewisser“ Zugeständnisse …

6 Die individuellen Rituale – das Lebensritual

6.1 *Ventil- und Geiferritual*

Die Politik an der Basis verschafft dem Staatsvolk die nötige Psychohygiene. Weil man sich an der Basis „über jeden Schaß" aufregen kann, wird die Blähung entladen und der Druck erträglich.

Daß manchmal unliebsames – braunes Material – abgesondert wird, zeigt nur, daß „be-*schissen*" und „fa-*schis*-tisch" Cousins im Sprachgebäude sind.

Das Raunzen am Wirtshaustisch ist eine rituelle Reinigung, die die Belastung und Verunreinigung des Psychosystems durch Dinge, die der Bürger zu schlucken hat, entsorgt – sodaß sich der Bürger keine Sorgen mehr machen muß.

Das Unliebsame erfährt durch die Vereinnahmung von größeren Mengen rauscherzeugender Getränke und biologisch-belastender Stoffe eine nahezu geweihte Abfuhr. Den Eingeweihten ist dieser Ort, der „Heurige" zum Beispiel, vollkommen vertraut. Rituale sind die Beschaffung von Wein und Essen und die Verschaffung von Luft. Man macht sich Luft, seinem Ärger, seiner Verknechtung durch die Politik. Die da oben bekommen es von denen da unten ordentlich hineingesagt. Und kein anderer Ort ist so genau definiert, so eindeutig ritualisiert, wie der „Heurige". Die Art und Weise der Getränke und der Speisen, die Dekoration der Örtlichkeit und die Verhaltensmuster der Akteure sind durchgängig verblüffend gleich. Hin und wieder gesellen sich die politischen Akteure ebenfalls an diesen Ort: können herumschwadronieren, bedeutungsleicht den Dingen Bedeutung geben, die sie nicht haben, oder Bedeutung aus den bedeutenden Dingen nehmen, in dem sie zigmal durchgewalkt und durchgekaut werden. So ist das Ritual des Essens und Trinkens bei gleichzeitiger Entleerung der übervollen Frustrationsspeicher ein deutliches Muster, eine Messe mit Absolution

6.2 Medienritual

Es geht ja nicht darum, das Ding zu lesen oder zu sehen, damit man mehr weiß, sondern es geht ausschließlich darum, zu sehen oder zu lesen, was auch die anderen wissen.

Es ist das Socio-knowledge-Ritual, um mit jenen mitreden zu können, die mit einem selber mitreden: das Mischungsverhältnis der Medien zueinander, die Überschneidungen, das sind sorgfältig choreographierte Know-how-Auren, die zueinander in Beziehung stehen. Die Aura der Roten mit ihren Medien, die Aura der Schwarzen mit ihren Medien, aber auch die Blauen haben ihre Medien. Und die Grünen haben auch mehr als nur eine. Die Kreise, mehr oder weniger groß, überschneiden sich, und in den Flächen der Überschneidungen befindet sich das gemeinsame Wissen um den Staat, die Gesellschaft, um die Kultur, aber auch um das Verhalten der anderen. So wird der Modus des Austausches über die Medien gestaltet und von den Medienkonsumenten individuell und schließlich durch die Summe der individuellen Entscheidungen kollektiv choreographiert.

Diese Weltbilder einer kleinen Welt namens Österreich werden in den Überschneidungsflächen kompatibel und austauschbar und in den Weltbild-Monopolbereichen werden sie zur eigenen Identity, zur eigenen Kulturvergewisserung. Die Kulturvergewisserung, die in den Medien stattfindet, ist gleich wie die Kirche eine der profanen Anbetung des Puzzleteiles der Politik, der sich mit ein, zwei anderen Puzzleteilen, nämlich denjenigen der politischen Gegner zum demokratischen Gesamtstaat formt, zu betrachten.

6.3 *Die Eröffnungs- und Spatenstichrituale*

Das in den Zehnballen wippende, männliche Ausschußmaterial – vielleicht gerade aus einem Ausschuß kommend – wippt auf und ab, zuckt mit den Schultern hin und her und zeigt proletarischen Mißmut vor dem Ritual, das es selbst inszeniert und in dem es gefangen ist. Die Protagonisten müssen stillstehen und können es nicht. Weil es immer mobil war, das aufsteigende Proletariat, ist Unruhe in ihm angelegt. Es kann nicht ruhig stehen und bedient sich an Ersatzhandlungen, die vom Eierkratzen über mißmutiges Mundwinkelverziehen bis hin zum Schulter-nach-hinten-Dehnen, um das nicht vorhandene Rückgrat mit den Schulterblättern zu stützen, reichen. Es wird auch hin und wieder gehüstelt und geräuspert, weniger, um einen tatsächlichen Frosch im Hals zu bekämpfen, sondern vielmehr auf Grund des unwiderstehlichen Dranges, sich aus der erzwungenen Stillhaltesituation heraus bemerkbar zu machen. Die unheimliche Angst vor dem Verlust der Wahrnehmung durch die anderen wird durch ein Lautgeben bekämpft.

Auftritte, also die Inszenierung der Macht über eine bestimmte Zeit und einen bestimmten Raum, sind besondere Leckerbissen an transparenter Ritualperformance. Diese „Auftritts"-Macht wird von einzelnen ausgeübt. Um diese Macht ausüben zu können, muß der einzelne den Auftritt in inszenierter Weise vornehmen.

Nicht immer geht es um die Macht und die Verhaltensänderung, die in ihr implizit enthalten ist, sondern um eine bloße Macht über die Zeit und die Gefühle der Menschen. Diese Auftritte inszenieren Künstler. Das sorgfältige Zuspätkommen um einige Minuten, der Beginn mit einem Versprechen, das sich aber noch nicht einlöst, sondern erst im Laufe der Dramaturgie sichtbar wird, startet die Inszenierung, die auch ohne weiteres zugibt, was sie vor hat: eine Demobilisierung der Masse, die zusieht. Man nennt dies: fesseln.

So ist es auch sprachlich verdeutlicht, daß die Macht kein unschuldiges Wesen ist, sondern sich deutlich zu sich selbst bekennt. Vielleicht fallen auch deshalb so viele Diven vor Auftritten in Ohnmacht: Weil sie Angst vor der Macht haben. Der Auftritt heißt: Position einnehmen, um andere daran zu hindern, die selbe Position zu besetzen.

6.4 „Geschwollen daherreden"

Reden, wie einem der Schnabel *nicht* gewachsen ist.

Der Volksmund sagt deutlich, was sein Volkskopf davon hält, wenn einer die Sprache aufbläht. „Geschwollen daherreden" bildet eine Barriere ums Verstehen und eine Elitekommunikation.

Das sind die Fettringe des verbalen Michelinmännchens, das ist das Aufplustern der gespreizten Sprache. Der einfache Mensch identifiziert diese Aufschwellung als „geschwollen daherreden". Man weiß, daß hier mehr geredet als gesagt wird.

Dennoch ist dieses „geschwollen Daherreden" nicht nichtssagend.

Es bedeutet, daß derjenige, der das Recht zu reden hat, dem anderen die Pflicht zum Schweigen auferlegt, weil er diese mit dem geschwollen Daherreden, das ja mehr Platz einnimmt, weil es geschwollen, aufgedunsen und aufgeschwollen ist, den Platz und den Atem nimmt.

Dieses Ritual des „geschwollen Daherredens" ist also ein Territorialritual des Verbalen. Man eignet sich den Platz über Worte an, die überflüssig sind, die aber auch nicht nur überflüssig sind, sondern noch dazu „neben dem Gesagten" das Gesagte mit einer Hülle von Worten und Bedeutungen umgeben, die das Gesagte gar nicht gebraucht hätte, um verstanden zu werden.

6.5 *Das „Haumma net–brauch ma net"-Ritual der Wiener*

Ein besonderes Phänomen, und ein besonders feines obendrein, ist die vorauseilende Gewißheit, die der Beobachter haben kann, wie sich Wiener verhalten werden, wenn Neues auf sie zukommt. Je rabiater die Ablehnung und je krauser die Argumente, desto mehr wird das Abgelehnte zu einem späteren Zeitpunkt, meist nicht allzu weit entfernt, akzeptiert. Praktisches Beispiel: McDonalds. Nicht, daß man in Zeiten der sich wiederbelebten Konjunktur, Ende der 70er Jahre, froh gewesen wäre, daß Arbeitsplätze am Schwarzenbergplatz entstünden, das war damals kein Thema. Auch die Arbeitsplatzvernichtung war kein Thema. Man mußte nicht um die Würstelstände fürchten, denn der Wiener sagte: „Des wird nie gehn, weil des wü kaner." Dahinter lag das „Haumma net–brauch ma net"-Ritual, das die trostlosesten Unterversorgungszustände in freiwillig gewählte zu verwandeln vermochte. Damit wurde in einem bekannten und stereotypen Satz das zelebriert, was Wiener immer wieder zelebrieren: Wir sind anders, denn wir scheuen uns auch als eine der wenigen Großstädte der Welt, Innovation überhaupt zu akzeptieren, weil wir mit dem, was ist, zufrieden sind.

Wir bleiben provinziell, wie wir sind. Gut, man mag jetzt einwenden, McDonalds sei keineswegs großstädtisch, sondern in globalem Maßstab und somit überall auf der Welt gleich provinziell, was ja auch stimmt, wenn man die Klienten ansieht. Aber gleichzeitig ist McDonalds unglaublich demokratisch, und gerade als solche Einrichtung hätte es vielleicht reflektiert und akzeptiert werden können, aber die Presse hat ebenfalls die Skepsis der Bevölkerung aufgegriffen und schon damals etwas abwertend über die McJobs, über die unterbezahlten Mitarbeiter und dergleichen gemeckert, wenngleich McDonalds die Mitarbeiter allemal besser bezahlt, als die restliche Gastronomie Österreichs es bei gleicher Qualifikation tut. Das Ritual der Ablehnung ist also ein dumpfes gewesen, kein kritisches, kein überdachtes, sondern ein reflexartig zelebriertes. Da kommt was Neues, das könnte uns gefallen, das müssen wir ablehnen, denn wenn es uns gefällt, verändert es uns. Und verändern wollen wir uns nicht lassen.

Diese Abwehrrituale gegen Innovation sind in vielen Gesellschaften zu beobachten. Aber in wenigen so deutlich und so lächerlich, offenkundig und schon von vornherein als vergebliches Beschwören von Abwehr, als gescheitert zu betrachtendes Ritual, wie das „Ich lehne das Neue ab"-Ritual der Wiener. – Und auch der Österreicher.

6.6 *Das „Seavas, wie geht 's da?"–„Ruf ma uns z'samm"-Ritual*

Wien ist ein Platz der Ankündigungen. Schon Musil hat darüber geschrieben, daß wir ein Land jener sind, die Ereignisse und Normen ankündigen, es jedoch an der Durchführung mangeln lassen. Österreich ist ein kleines Land, Wien ist auch keine besonders große Stadt, und daher ergibt es sich, daß Menschen in gleichen Berufsstämmen, aber auch an gleichen Wohnorten, einander öfter über den Weg laufen. Aber nicht oft genug! Denn die Stadt ist doch groß genug, daß sie auch wie ein weit expandiertes Gas die einzelnen Moleküle nicht ständig einander präsentiert. Dennoch: Es gibt in Wien Bekanntenkreise, die größer sind als das Erinnerungsvermögen. Aus dieser peinlichen Situation, der gleichzeitig selbstverordneten Verpflichtung, jemanden kennen zu müssen, gerecht zu werden und es andererseits nicht zu können, entsteht ein sonderbares Ritual. Dieses Ritual äußert sich in zwei Schritten: man begegnet einander und blickt einander gewissermaßen fragend an, um vom anderen zu erfahren, wer er oder sie denn sei, und vermeidet dabei gleichzeitig, sich selbst preiszugeben, denn sich vorzustellen hieße ja anzunehmen, man kenne einander doch nicht so gut. Der Grad des Kennens ist ja nicht bekannt. Sohin wird je nach sozialer Schicht und Anlaß des Zusammentreffens die Anrede gewählt: „Sie“ oder „Du“. Ist es das „Sie“, also das weiter Distante, vereinbaren die beiden Aufeinandertreffenden, daß sie „Miteinander etwas tun müßten“. Das Ritual der einander Duzenden ist ein wenig brachialer. „Seavas, wie geht 's da denn?“ „Guat, dankschön, und dia?“ „Na ja, wie die andern wollen ...“ „Du waßt eh, i bin momentan grad im Streß.“ „I a.“ „Ruaf ma uns z'samm.“ „Nächste Woche amal.“

Solcherart ist man einander begegnet, hat sich dazu verpflichtet, einander in einem bestimmten Zeitabstand anzurufen, um beiderseitig genau zu wissen, daß es nicht geschehen wird und daß es lediglich eine Floskel war.

6.7 *Das Gestaltungsritual*

Die Ausstattung mit Schönheit ist unzweifelhaft das Balzritual allerersten Güte. Sowohl Männlein als auch Weiblein gestalten ihre Fassaden nach dem Schema der Erwartungen der jeweiligen Personen, die es zu überzeugen gilt.

Das Äußere und vor allem die Inszenierung des Äußeren sind Selbstvergewisserungsrituale, die mit etwas zu tun haben, was man selbst ist, aber auch mit etwas, das überzeugt werden soll und ähnliche Erwartungen hat wie die, die man in sich selber setzt.

Nicht umsonst heißt es: „Wenn ich mir gefalle, gefalle ich auch anderen.“ Die Normästhetik der Überzeugung kennt den Zwang zur Gestaltung. Der Mensch, der sich nicht gestalten will, zeigt, daß er auch sonst nichts gestalten kann. So erwartet sich der zu Überzeugende, daß der Mensch, der ihn überzeugen will, sich auch persönlich gestaltet hat. Die Formgebung der Haare, die Inszenierung der Kleidung sagt: Seht her, ich gestalte mich selbst. Ich inszeniere mich selbst, also bin ich auch imstande, etwas zu gestalten und zu inszenieren. Das ist die Aussage!

So ist in diesem Netzwerk von Hoffnungen und Erwartungen ein Tanz der optischen Gestaltung notwendig. Es ist nicht nur die Mode – wäre sie nicht, würde sie erfunden werden, weil sie notwendig ist, um die Differenzierung, um das lautere Balzen zu unterstreichen. Gäbe es keine Frisur, würde sie erfunden werden. Egal, ob man sich einen Knochen durch die Haare steckt, Lehm hineinschmiert oder die Haare zu Zöpfen flechtet, immer ist dies ein Zeichen, das sagt: Ich bin mächtig, mir Form zu geben. Und nun wird auch klar, warum man in Form ist. Das ist heute in der Zeit des Körperkultes sichtbare Buchstäblichkeit. Die Form der Brüste, die Form des Hinterns, die Form der Muskeln – die Formgebung und der Wille zur Formgebung sind wichtig für unsere Alltagsrituale. Der Gedanke des Bodyshaping wird zu einem Mindshaping und auch zu einem Sozioshaping. Das heißt: Ich gestalte mich in die Gesellschaft hinein, in die ich mich hineingestalten will, bzw. ich benütze die Merkmale der Gestaltung als Eintrittsschlüssel.

Überdeutlich war dies bei Arnold Schwarzenegger, der das einzige, was ihm damals an Gestaltungsspielraum zur Verfügung stand, nämlich seinen eigenen Körper, derart gestaltete, daß die staunende Beurteilungsöffentlichkeit feststellen mußte: Da ist einer, der alles zuwege bringt, was er will. Einer, der einen eisernen Gestaltungswillen hat. Dem vertrauen wir auch einige unserer Güter an, ja sogar eine unserer Töchter, obwohl wir zur absoluten Elite und zum Establishment eines Landes gehören.

Aber dieser Arnold hat mit der Gestaltung und Inszenierung seines Äußeren bis hin zum Korrigieren seiner Zahnlücke bei gleichzeitiger Beibehaltung einer kleinen Restlücke gezeigt, wozu er fähig ist. Arnolds Balz war wohl eine der erfolgreichsten, die je ein Österreicher irgendwo im Ausland vollbracht hat: eine totale Eroberung eines Raumes kraft einer unglaublichen Aufblähung, aber nicht nur einer bloßen und plumpen Aufblähung. Dazu kam auch noch die Fähigkeit, in der Aufblähung die Form mitzugestalten und zu überlegen – also ein Architekt seiner selbst zu sein und so zum Architekten von Phantasie zu werden. Er steht für uns Österreicher stellvertretend in Hollywood und ist ein Weltstar. Und somit sind auch wir Weltstars. Ein Teil seines Muskels. Ein Zelle seines Körpers. Ein Schatten seiner Gestalt.

Sich herzurichten für den Abend, das Schminken und Auftragen von Bemalung, das Frisieren und Anlegen von Krawatten oder anderen speziellen Kleidungsstücken für diesen einen Abend, für das Zusammentreffen, zeigt einen tief verwurzelten, rituellen Habitus. Das Bodyshapen oder sich in der Äußerlichkeit stylen, wie es moderner heißt, führt zu einer rituellen Erkennungszeichen-Choreographie der unterschiedlichen Geschlechter, Gruppen und Individuen.

6.8 *Liebe*

Liebe ist die Sprache der Solidarität. Ist die Solidarität beschädigt, stirbt auch die Sprache der Liebe, die in der Regel meist von zwei Menschen zueinander beherrscht wird. Sie wird jedoch auch von all den mit der Menschheit solidarischen „heiligen" Menschen (Erleuchteten) durchaus spürbar vermittelt.

Dieser Sonderfall der vorauseilenden Wärme und Akzeptanz ist besonders von Professor Rosenthal erforscht worden. Personen, die eine positive Erwartung in andere setzen, erzeugen ein wärmeres sozio-emotionales Klima. Liebe als verdichtetste Form der Sozialbeziehung einer Gruppe auf kleinstem Raum hat neben biologisch-chemischen Prozessen und Eigendrogenausschüttung auch noch eine viel weitere und erweiterte Form von Wirklichkeit, die sie erschafft, parat. Sie erzeugt eine neue Weltsicht – und die ist wirklich wirklich. Die „vor Liebe mit Blindheit Gesegneten oder Geschlagenen" produzieren in ihrem Hirn nachweislich bestimmte Beschleuniger oder Verlangsamer der physiologischen Aktivität. Damit sehen sie die Welt mit „anderen" Augen oder bekommen „den Tunnelblick".

Die Liebe hat aber nicht nur die Produktion von Endorphinen, sondern auch die Produktion einer ganz bestimmten Sprache zur Folge. Sie produziert eine regredierte, kindhaftere Sprache, man wird kleiner, und somit hat der Sender-Empfänger–Sender-Empfänger-Komplex eine ganz besondere Bedeutung, die eine Aura des Außergewöhnlichen und des Zurückwerfens auf das Angenehme der Kindheit in die Liebe hineintransportiert.

In der Liebe strebt der Mensch am stärksten nach Synchronität. Er strebt aber nicht nach Synchronität mit dem oder der Partner(in), sondern nach Synchronität mit sich selbst – er will sich zum Teil des Ganzen und damit sich selber „ganz" machen.

Die Körpersprache, auf die sich der Mensch, der liebt, zurückzieht, ist eine eigene Sprache. „Ich tue etwas für dich" meint gleichzeitig „Ich tue etwas für mich". Streicheln ist ja nicht ein einseitiger Akt des Vergnügens und der Zärtlichkeit, auch der, der gibt, empfängt.

Das heißt nicht, daß diese Kommunikation frei von allen Schmerzen und Mißverständnissen wäre.

Wie schon Lorenz sagte: „In der Aggression gibt es keine Liebe, aber in der Liebe sehr wohl Aggression." Die romantische Liebe hat eine höhere Form von Zivilisation nach sich gezogen, keine weniger aggressive, aber eine höhere. Das Mittelalter und die Abwesenheit von romantischen Erwägungen in der Partnerwahl haben wirklich tierisch gewirkt. Für mich ist das neu erlernte romantische Begehren auch ein Zeichen einer Sehnsucht nach Nähe und Bindung an „einen" Menschen, in dem die Welt vorhanden ist. Wenn aber im anderen, geliebten Menschen, die Welt vorhanden ist, liebt der liebende Mensch im anderen Menschen die ganze Welt, einschließlich sich selber. Das ist doch ein sehr tröstlicher und hoffnungsvoller Gedanke.

6.9 *Sex*

Maslow ordnet das sexuelle Bedürfnis dem Prinzip der Selbstverwirklichung zu. Hunger, Durst und Schlaf fordern zur Suche nach Ausgleich und Gleichgewicht im menschlichen System heraus. Diese „Homöostase“ beinhaltet auch das durch Hormone gesteuerte Triebleben, das wir in unserer Kultur sehr stark einschränken, um Energien umzuleiten. Jedoch verbleibt ein ununterdrückbarer Rest, der sich in vielen unserer Sozialbeziehungen entweder direkt oder indirekt, sozusagen sublimiert, äußert. Sex ist der genetische Auftrag, eine Sprache, der wir uns nicht entziehen können, auch wenn wir es wollten.

Sex als Machtinstrument ist wieder eine ganz andere Form der Kommunikation: eine Unterwerfung oder eine Eroberung, je nach Perspektive. Sex ist eine Sprache der Macht und des Vergessens – Eros hingegen eine Sprache der Begegnung und der Erinnerung.

Der Sex als Ritual und als „intimste“ Form der Kommunikation ist eine multilaterale Mitteilungsplattform für die Beziehung zwischen zwei Partnern, oder, je nach Praxis, auch mehreren.

Zärtlichkeit ist wohl die primäre Ausdrucksform der Zustimmung, aber im Sex kann sogar die Gewalt als Zustimmung postuliert sein. Wie gesagt: Sex ist wie Lotto. Alles ist möglich – und dennoch gibt es im Sex das „genaueste Gespür“ für die Dekodierung der wahren Bedeutung der in ihm kommunizierten Inhalte. Jedoch wird die Sprache des Sex immer mehr zum Zweckritual des „Fremdbleibens“, weil er via Pornographie auch zur Choreographie mißrät. Es ist nur wenigen Menschen gegönnt, in dieser Sprachform auf höchstem Niveau über lange Zeit hinweg zu „sprechen“. Da Sex auch eine so unmittelbare und im günstigen Fall eben eine „außer sich“ stattfindende Kommunikation ist, eine zutiefst emotionale und unsteuerbare, ist er so gefragt – oder so verpönt. Wie interessant ist es doch, zu ergründen, warum Sex, der den Gott in sich und dem anderen sucht – in der Vereinigung mit der hiesigen Welt, die ja in diesem Augenblick sich in einem anderen Menschen komplett findet und da ist und dabei auch zur eigenen ganzen allumfassenden Erfahrung von der Welt wird – bei vielen spirituell, religiösen Gruppen ausdrücklich aus den Formen des Er-Lebens und damit der originären Kommunikation exkludiert ist.

Noch eine Frage zur Kommunikation im und via Sex: Warum spielen wir im Sex? Warum fesseln wir einander? Um der Gewißheit ganz auf den Grund zu gehen? Nein! Um dem Verlust der eigenen Kontrolle ganz auf den Grund zu gehen. Das ist der Ausdruck der Sehnsucht, absolut aufzugeben und hinzugeben – sich ganz und gar zu entmachten. Diese Sehnsucht manifestiert sich in der Umdrehung des Gewünschten: in der Fesselung des anderen, um selbst gefahrlos „entfesselt" zu sein.

Kommunikation im Sex ist eine so „göttliche" Erfahrung, daß diejenigen, die Gott predigen sollen (oder müssen) ihre „Sprache" diesem Gott und nicht der göttlichen Erfahrung des Sex widmen müssen. Klartext: Den Priesterkasten vieler Religionen ist es untersagt, Sex als parallelen Gottesdienst zu zelebrieren.

6.10 Berührung

Berührung ist nicht mit Körpersprache zu verwechseln, denn in der Berührung liegen wohl körpersprachliche Elemente, jedoch geht sie über die Körpersprache hinaus. Sie ist ein konkretes, bewußt oder unbewußt zielgerichtetes, gewolltes Herstellen von Kontakt und schließt somit zwei oder mehrere Auren zueinander kurz. Besonders emotionale Menschen können innerhalb dieser Berührung und dieser Aura non-verbal exzellent kommunizieren. Wärme, Hautkontakt, Behaglichkeit: Es geht nicht um Sex, sondern um Vertrautheit. Körperkontakt und Wärme beim Kleinkind sind die Startsignale für eine Lebenssicherheit. Alice Miller beschreibt in ihren Büchern sehr eindrücklich die Bedeutung von Körperkontakt und Berührungen zur Heranbildung einer in sich lebenssicheren Existenz.

Vor kurzem habe ich etwas Faszinierendes gesehen: Eine Institution bietet Singles eine Dienstleistung an, die speziell für das Beheben von Singularitätsfolgen eintritt: Massage und Körperkontakt (nicht Sex). Der einsame und vereinzelte Mensch, der den Hautkontakt zu anderen Wesen braucht, um sich selbst wahrnehmen zu können, nimmt die bezahlte Dienstleistung einer besonderen Massage in Anspruch, die weder Muskelverspannungen zu beheben hat, noch einem sexuellen Zweck dient, sondern ausschließlich der Herstellung von angenehmem Körperkontakt – von Berührung.

6.11 Die individuelle laute Sprache

Es gibt Kriege nur dort, wo die Menschen laut sprechen. Das heißt, es gibt Kriege nur dort, wo Menschen nicht gehört werden, sonst würden sie ja nicht laut sprechen. Sie sprechen deshalb laut, weil sie gehört werden wollen. Weil sie aber nicht gehört werden, sprechen sie noch lauter. Damit bilden sich ihre Organe ausgezeichnet aus, und sie können Befehle erteilen, wenn es gefordert wird, und Befehle verstehen, wenn es notwendig ist. Die schreienden Menschen in den Gegenden, in denen Menschen nichts zu sagen haben, sind sehr schnell bereit, das Schreien nicht nur als akustische Waffe zu verwenden, sondern der Akustik tatsächlich mit einer Waffe eine übergeordnete Lautstärke hinzuzufügen. Die Attraktivität des Böller- und Kanonenschusses, das herrlich laute Stakkato des Maschinengewehrs, die Lust am Lärm zeigt die Lust am Krieg. Das ist nicht Spiel!

Es gibt Völker und Nationen, die einmal im Jahr ein Spektakel veranstalten, das Lärm zur Potenz ist – ein Feuerwerk, Kanonenschüsse, Paraden. Das sind Völker, deren Menschen im Rest des Jahres eher still miteinander sprechen und nur laut werden, wenn sie betrunken sind. Und Betrunkene sind ja bekanntlich auch in den allermeisten Fällen aggressiv und feindselig, leicht reizbar, denn Lautstärke, die sich nicht durchsetzt, ist immer reizbar. Das ist das Futter, aus dem Kanonen gemacht werden. Das sind die Kanonen, die Futter brauchen – die Wortkanonen. Die Kaskaden von Lärm. Die unnütze Verschleuderung von Dezibel.

Warum ich darauf gekommen bin? Ganz einfach: Weil ich reise. Und ich merke, daß Menschen überall dort miteinander laut sprechen, wo sie am wenigsten zu sagen haben. Menschen, die ausgeliefert sind – entweder einem Beruf, einer Gruppe von Überlegenen, einem einzelnen Überlegenen oder der Natur. Denn auch Bauern sprechen laut, wenn sie frei sind. Sie haben eine lärmende Sprache. Sie schallt über den Acker hinweg zu den anderen Feldern. Sie ist territorialer Kampfruf, aber auch Befehl zum Einbringen der Ernte. Das ist die nutzensstiftende Lautstärke. Das ist auch eine durchaus friedliche Lautstärke. Auch die Lautstärke bei einem Fest in den Orten, wo Lautstärke normal ist, ist eine über der lauten Normalität liegende laute Lautstärke, aber sie hat einen friedlichen Klang. Ihre Komposition ist nicht aggressiv. Der Untertan hat im Alltagsleben einen lauten Oberton, der das Ganze so unangenehm macht. Beim Fest gibt er seinen Tönen einen Klang – und der macht die Musik. Diese ist dort, wo Machtlose musizieren, gar nicht wirklich angenehm. Sie hat einen Ton von Aggression.

Es ist nicht der tiefe laute Baß, der souveräne, der sich Gehör verschafft als Herr. Nein, es ist das laute eifrige Stakkato zwischen Tenor und Alt, wo selbst Männerstimmen fisteln und die Luft in dünne Scheiben schneiden und Lärm mit einem festen Strahl in des Friedlichen Ohr pinkelt. Man kann nicht schlafen, man kann es nicht überhören.

Lärm ist der Feind des Friedens. Zwischen Mund und Ohr herrscht akustischer Krieg, akustische Verschmutzung, eine Kanonade an fast physikalischer Präsenz. Kein Mensch kann sich in diesem Territorium Gehör verschaffen. Die Lautstärke ist bei allen, die nichts zu sagen haben, die mundtot gemacht wurden, das einzige Mittel, um eine Waffe abzuschießen, die im Arsenal der Kriegsutensilien wirkt. Ihr Wirkungsgrad wird in Dezibel gemessen. Und die Gesellschaften, die laut sprechen, haben auch ein großes Vergnügen daran, diese Lautstärke zu multiplizieren. Sie haben Rituale der Lautstärke, Hexenmessen des Brüllens wie Paraden. Friedliche Menschen haben keinen Lärm. Bali ist ruhig. In Grönland herrscht erhabene Stille.

Es freut sich hingegen der Mensch, der laut spricht, wenn er den Kriegslärm hört, das Donnern der Kanonen, das Knattern der Gewehre, die Explosion der Bomben. Das ist die Sprache, die er versteht. Das ist laut. Das ist das explosive Aneignen eines akustischen Raumes an einem Punkt, der sich aufbläht. Das ist die Macht, die er hört und spürt und verspürt, wenn etwas, das er abgeschickt hat, am Ort des Ankommens unüberhörbar für alle Ohren der Anwesenden einschlägt, auch um den Preis der Tötung der dort befindlichen. Das ist meistens sogar der Zweck der Sache – des Lärmentwickelns in diesem kriegerischen Fall.

Die Ruhe ist nicht die Sache der lauten Leute. Sie können damit nicht umgehen. Sie haben es nicht gelernt, leise und weich zu sprechen. Vielleicht sollte die Pädagogik anfangen, das leise Sprechen zu lehren, um damit auch das sanfte Denken zu üben. Denn wer leise spricht, denkt sanft. Es gibt kaum Mönche, die brüllen. Es gibt nur Demagogen, falsche Missionare und Leutnants, die brüllen. Denen ist zu mißtrauen, die brüllen. Aber man muß auch denen mißtrauen, die flüstern, denn sie provozieren das Brüllen. Es ist grauenvoll, eingehüllt zu sein in schreiende Menschen. Das ist die Typik der Kriegsrufe. Das ist das Meldewesen. Das ist die ständige Schützengrabensituation. Das ist das Schreien, um die eigene Angst zu verbergen. Das Schreien im Wald. Das

Schreien, um die eigene Nichtssagenheit zu verbergen. Es schreit der, der nichts ist und es schreit der, der sein will und damit „Krieg" ruft. Krieg ich das endlich, oder es gibt Krieg.

6.12 Der Kaufrausch

Der Kaufrausch ist die Drogenfolge des Akquisitionsdranges. Der Kaufrausch ist das Sucht-Symptom der Heimatlosen. Während die armen Subproletarier im Kaufrausch den Rauschkauf betreiben, um die Trübsinnigkeit des Unbehaustseins zu überwinden, stürzen sich die zuviel Behausten oder die zwischendurch Entbehausten in einen manischen Kauf. Dieser Kaufzwang ist das Resultat der Suche nach Heimat, und sei es in einer Marke, in einer Ware, in einem vorübergehenden Konsumieren oder aber auch im Anschaffen von Zeichen und Werten, die das fehlende Haus als Symbolausstattung überdecken müssen. Die Enthausung führt zur verstärkten Aufnahme von konsumierten Produkten und Dienstleistungen, um eine Pseudobehausung vorzutäuschen. Jene, die Urlaub machen, kennen das Gefühl des Kaufenmüssens besonders deutlich. Sie haben auch die finanzielle Möglichkeit dazu. Die Hypothese, daß das „Nichts" (also der Mangel an etwas) einen in die Ware hinein projizierten Kaufreflex auslöst, läßt sich schon allein durch teilnehmende Beobachtung verifizieren.

Im Kaufrausch werden tiefsitzende Ängste sichtbar wie z. B. die Angst vor der Verarmung, den die Heimatlosigkeit stimuliert. Als Reaktion wird die Ware blindwütig erworben, um das Defizit an „Zuhausesein" auszugleichen.

7 Mythen, Symbole, Zeremoniell und Rituale

Nachdem wir nun soviel über Rituale erfahren haben, daß uns klar werden muß, daß sie es sind, die die Welt einfach machen und wohl auch erträglich, sollten die Rituale an sich näher betrachtet werden. Sie sind ja nicht in einem gleichförmigen Muster gestrickt, sondern auf vielfältige Weise komponiert und reichen von sehr einfachen Abläufen in wenigen Schritten zu sehr komplexen Strukturen. Aber mehr Aufschluß über das Wesen eines Rituals gibt uns der Anlaß, der Einsatz und vor allem die Form, in der es vor einem bestimmten Hintergrund – mehr oder weniger verschleiert – abläuft. Rituale sind gleichsam die Kinder der Mythen. Auf diesen fußt die Sprache der Rituale.

Mythen sind der Versuch, die Welt ins Gleichgewicht zu bringen. Sie balancieren die Welt zwischen den beiden Polen „Soll“ und „Ist“. Sie halten sie in delikater Schwebe.

Mythen handeln vom dynamischen und zwingenden Ausgleich der Kräfte. Von der Gerechtigkeit. Von der Möglichkeit der Freiheit. Sie sind ein ständiges Szenario des „trading places“ zwischen Macht und Ohnmacht, Gut und Böse. Die Kunst der Kirche und des Kapitalismus war es, des Menschen Gewissen für Anpassungsdosierungen wie einen Mikrochip anzusteuern und zur Verfügung zu haben: denn Mythen wirken simpel wie ein Chip. Sie sind die Reduktion des Komplexen auf das Einfache, Erklärbare – uns aber dennoch märchenhaft Erscheinende. Sie funktionieren im binären Code als Szenarienprojektionen. Nichtsdestoweniger sind sie real und wahr. Sie haben die vereinfachte Darstellung eines Geschehens zum Inhalt. Mythen erzeugen eine Wirklichkeit, und Wirklichkeit erzeugt Mythen.

Die praktischen, im politischen Alltag wirksamen Mythen sind als gegeneinander kämpfende Erklärungsversuche der Welt politisch; explizit politische Mythen erst recht.

Der Mythos der Neutralität. Worauf fußt der? Welcher tiefere Mythos liegt dahinter? Ist es jener der Befreiung und Selbstbestimmung? Oder ist es doch jener der Unsichtbarkeit, dem die Kinder anhängen, die sich und ihre Angst zum Verschwinden bringen wollen? Verschließen wir vor der Welt die Augen, und meinen, wir würden nicht gesehen – und daher in Ruhe gelassen?

Was ist das Wesen des Männermythos? Worauf beruht der Mythos der Geschwindigkeit?

All diese Mythen gebären Rituale. Aus den Ritualen wiederum nährt sich der Mythos und bleibt lange lebendig. Wenn wir die Rituale der Neutralität anschauen, die Rituale der Männer, die Rituale der Geschwindigkeit, so merken wir, daß aus den Ritualen heraus und ihrer Beobachtung der herrschende Mythos gut dekodierbar ist. Als teilnehmende Beobachter können wir die jeweils herrschenden, vorherrschenden Mythen in unserer Gesellschaft entschlüsseln – und feststellen, ob sie noch kulturelle Gültigkeit und Aussagekraft besitzen, oder nur mehr Stereotypen und Reflexe vergangener Mythen sind.

Geraten zwei gleich starke Mythen als Gegner aufeinander, so führt das zu massiven Katastrophen. Diese Katastrophen sind oft so unerklärbar, weil sie sich dem Intellekt entziehen und in der Mythenwelt begraben sind: in einer Mythenwelt, die von Zeit zu Zeit, wenn der Konflikt groß wird, diese Mythen nicht nur als versponnenes Netz einer fast vergessenen – oder auch verdrängten und verleugneten – Wirklichkeit darstellen, sondern ganz massiv zum Vorschein bringen. Im politischen Bereich führt das zum Kampf der Flügel oder ganzer Nationen und ist von vielerlei, sehr infantil wirkendem Geschrei begleitet. Diese Riten des Kampfes, das Geschrei, das Getobe, aber auch die strenge militärische Ausrichtung, das „Reihen-Dichtschließen" lassen ganz deutlich erkennen, daß der Mythos ein verpflichtendes Ritual beinhaltet.

Die Welt funktioniert verblüffend einfach. Und die Mythen funktionieren einfach verblüffend.

Das Ritual ist die Vereinigungsvergewisserung rund um den geltenden Mythos. Daher steckt im Ritual auch eine Syntax, eine Logik. Das Ritual ist die Sprache des jeweiligen Mythos, der beschworen wird – es gibt die Ausdehnung in allen zeitlichen und räumlichen Aspekten und im Mitgliederstatus kund.

Ohne Mythos ist das Ritual nicht denkbar. Jedem einzelnen Ritual liegt ein Mythos zugrunde. Das menschliche Bewußtsein entwickelte sich von der „archaischen über die magische und mythische zur geistig-rationalen Ebene" (Feinstein & Krippner, Der persönliche Mythos) – in der wir, um in unserer Entwicklung weiterzukommen, den Mythos von der Allmacht der Technik doch wieder in Frage stellen und durch einen neuen Mythos ergänzen. Noch nie waren wir im Verhältnis zur allgemein herrschenden Rationalität so irrational wie heutzutage. Innerhalb der großen Mythen unserer Zeit, die aus den Mythen der Vergangenheit gespeist werden, leben wir unsere persönlichen Mythen. Aus vier Quellen entsteht diese persönliche Mythologie – unser Script sozusagen – dem wir gehorchen: aus der Biologie, der Kultur, der persönlichen Geschichte und den zwischenmenschlichen Einflüssen. (Feinstein & Krippner, Der persönliche Mythos) Dabei unterliegen wir dem Zwang „des kognitiven Imperativs – das ist der Zwang, die Wirklichkeit so zu ordnen, daß Bedeutung entsteht. (Eugene D'Aquili)

Das heißt: Wir brauchen Orientierungen, die wir auch aus Ritualen gewinnen. In nichtrationalen Gesellschaften hat diese Ordnungsmatrix die Struktur von Mythen. In der Industrie- und Informationsgesellschaft ist die Struktur eine Mischung aus Wissenschaft und Mythos.

Eine schöne Geschichte über den Bogen des Mythos, ausgedrückt in einem Ritual, ist jene von Abraham Maslow:

„… Ich langweilte mich bei einer akademischen Prozession und kam mir etwas lächerlich vor in meinem Talar. (…) Ich denke mir, (…) daß ich ein Nachfolger all der großen Akademiker, Professoren und Gelehrten war. Dann sah ich die Prozession

sich hinter mir immer weiter erstrecken in eine nebelige, undeutliche Unendlichkeit, wo Menschen mitgingen, die noch gar nicht geboren waren, die erst in der Zukunft Wissenschaftler, Philosophen oder Gelehrte sein würden. Der Gedanke, daß ich in einer solchen Prozession dabei war, wühlte mich auf – ich fühlte ihre Würde, die Würde meiner Robe und auch meiner selbst als einer Person, die zu dieser Prozession gehörte." (Maslow, zit. in Feinstein & Krippner, 1987, S. 104)

Aldous Huxley stellt fest, daß Rituale so etwas seien wie „das Tor, durch das die Seele aus der Zeit in die Ewigkeit schlüpft".

7.1 Das Ritual als mentaler oder psychosozialer Ort

Wie autonom ist der Mensch? Wie geht er mit Zugehörigkeiten und Trennungen um?

Ist das Ritual nur ein Haltegriff für Nervenschwache, die den Wandel und die Zeit zwischen den Klammern nicht aushalten?

Der Mensch ist ja bekanntlich als einzelner geboren und zur Gemeinsamkeit verdammt. Das Nichtalleinseinkönnen und -dürfen hat zu Vergewisserungsstereotypien im weitesten Sinne geführt. Die Spannung zwischen dem, was ist, und dem, was sein könnte oder sollte ist ja Teil des Wachstums. Wachstum heißt nun einmal Veränderung. Heißt das nicht auch, daß ein Ritual ein Positionslicht ist? Ein Licht der Orientierung, eine Gewißheit im ungewissen Ozean der Möglichkeiten.

Claude Levy-Strauß entdeckte im Mythos einen binären Code, der die Struktur des Geistes selbst sichtbar werden läßt. Der Geist enthält eine rhythmische Folge von Gegensätzen, in der jeder Punkt seinen Gegenpunkt hat. Im Ritual haben wir die perfekte Realisierung dieses Codes in „falsch" und „richtig“. Und Hegel hat gesagt, daß alles seine Negation in sich trage. Das Ritual macht diese binären Codes sichtbar.

7.2 Das Ritual als Diskussion mit sich selber

Rituale bilden sich aber nicht immer nur als Bezeichnungsstenogramme für einen wiederholten, kollektiven und choreographierten Inhalt. Sie bestehen oft aus individuell wiederholten Sequenzen eines Verhaltens. Diese Rituale sind nicht mit Schrullen oder Stereotypien zu verwechseln. Das Ritual der morgendlichen Rasur ist ein Ritual, aber auch die Teilnahme an der Welle im Fußballstadion. Bei der Welle im Stadion haben die Menschen nichts miteinander gemein – außer daß sie Zuseher und hungrig nach Gemeinschaft sind. Wenn diese Voraussetzungen wegfallen, gehört das rituelle Jubeln (die Welle) nicht mehr zum Repertoire von Menschen oder Gruppen. Ritual ist etwas „Soziales an sich“.

Das Ritual mit sich selbst ist daher eines, das auf eine eigentümliche Art die handelnde Person aus sich heraustreten und sich selber beobachten läßt. So vergewissert sich der rituell handelnde Solist seiner selbst und wird sich seiner Nichteinsamkeit gewahr. Durch das Wissen, daß auch andere Menschen in gleichen Situationen dasselbe tun, wird die eigene Handlung zu einer „allgemeinen“. Man beobachtet sich beim Ritual und sieht nicht nur sich selber, sondern in sich selber auch einen „anderen“, etwas „Verändertes“ – eben durch die Perspektive, die jedes Ritual ermöglicht. Es ist das „Gefühl der Gemeinschaft mit etwas außer meiner selbst“ (Margret T. Wilson, Persönliche Mythologie).

Der Staat ist ja auch nichts anderes als das zum Gesetz gewordene permanente Unifizierungsritual einer zivilisierten Horde.

Wir schauen mit unserem „Searching View“ (Anna Freud) auf die Welt und die anderen, um uns im Spiegel ihrer Existenz oder ihrer Augen selbst als Teil des Ganzen zu erkennen!

7.3 Die Orientierungsleistung des Rituals

Rituale orientieren und entlasten die Kommunikation. Sie verkürzen die Beschwörung der Gemeinsamkeit und schaffen ein sprachkompatibles Gruppenverhalten und verbessern die Gruppenleistungen.

Wenn Orientierung im Ritual eine Rolle spielt, so übt das Ritual auf jeden Fall Macht aus. Individuen auf eine Gewißheit hin zu orientieren, bedeutet, daß diese Individuen unter dem Ritual vereinigt sind.

Ob die Macht des Rituals und das Ritual der Macht als ein Ort gesehen werden können, dem man sich freiwillig unterordnet, um soziale Funktionen zu ermöglichen, oder Unterordnung nur auf einem opportunistischen Reflex der Gehorsamkeit beruht, liegt an den Teilnehmern.

Zwanghafte Ritualassoziierte sind jene Menschen, die dem Ritual nicht eine vorübergehende Bedeutung im Zeitablauf geben, sondern ausschließlich über und in Ritualsequenzen leben, ohne zu wissen oder zu ahnen, welche Qualität das Verhalten hat, dem sie sich unterwerfen.

Aber auch für die Nichtzwanghaften gilt: Die Kommunikation des Rituals ist Machtkommunikation, die unter ihren Zwang stellt.

Piloten (diejenigen, die symbolisch für Reisen stehen) müssen, weil Reise ein permanenter Wandel und ein ständig ungewisser Ort ist, ein hohes Maß an Ritualkommunikation pflegen. Damit kann das an sich Ungewisse des Ortes durch die Gewißheit der Sprache und der Verhalten aufgehoben werden.

Als Reisende sind wir mehr oder weniger angewiesen auf die Orientierung im Ritual. Der wesentliche Punkt der Ritualkommunikation ist, daß sie *nicht* davon ausgeht, den anderen verändern zu wollen oder zu können, weil alle als Gleiche oder als definiert Handelnde ins Ritual eingebunden sind. Der Nutzen der Anwendung von Ritualkommunikation auch in sehr informellen sozialen Strukturen (vor allem in jenen, die in Bewegung sind, weil die starren Strukturen durch Starrheit ihr Großritual haben) liegt im Gewinn an wertvoller Zeit. Diese ist bei richtiger Nutzung ein sehr viel höherwertiges Gut, als eine Zeit, die damit verbracht wird, über etwas zu diskutieren, was ohnehin als gleichbleibendes und gleichgebliebenes Prozedere festgeschrieben ist.

7.4 Rituale und Feste

Rituale sind Abläufe eines Verhaltens, das einen bestimmten und erkannten Aussagegehalt für Eingeweihte aufweist. Rituale finden daher an einem „geweihten" Ort statt; Egal, ob dieser Ort einer genauen Arbeit geweiht ist, wie die Pilotenkanzel, oder aber einem Fest, einem Tanzboden. Als wichtigste Rituale gelten die Feste, ja manchmal sind Feste und Feiern das Ventil-Ritual des Stammes schlechthin.

Feste sind Rituale der Entspannung. *Sie sind die Servicestelle für die Motoren des Alltags.* Im Ritual wird der Alltag „draußen" gelassen. Die übliche Zeit und der übliche Raum verschwinden. Wer sich bewußt auf ein solches Ritual einläßt und auf es zugeht, handelt nicht im Zwang, sondern in der Hoffnung, im Ritual eine Erleichterung zu finden.

Ein Fest ist im Gegensatz zu einer Party, die Selbstzweck ist, eine Kommunikation in kollektiver Form: die Vergewisserung der Gleichheit.

Eine Gemeinschaft, die erkennen kann, daß in ihr „Gleichheit" herrscht, kann auch „ausgeglichen" sein. Auch dann, wenn unterschiedliche Strömungen in ihr wirken. Um diese Orte der „Gleichheit" zu erleben, inszeniert die Gesellschaft ihre Rituale und Feste – in ihnen wird die Kultur, der Mythos beschworen.

Feste sind Orte, an denen häufig Umkehrrituale stattfinden. Faschingsfeste dienen Männern oft dazu, sich als Frauen zu verkleiden und umgekehrt.

Im Fest findet in der Regel die Vermischung statt – denn ein Fest, ein wirkliches großes Fest vereinigt auch die unterschiedlichen Stämme unter einem Festdach. Am Fest kann über den Ritus des Festes ein gelungener Austausch von Information und Gemeinsamkeitsgefühlen stattfinden.

Feste brauchen Dörfer und Staaten, große Unternehmen und Institutionen.

Das Fest und die dort herrschende wirkliche oder relative Ausgelassenheit zeigen, daß die angestammte Rolle des Herrschers – oder des Untergebenen – nicht mehr im Griff, sondern eben ausgelassen sind aus dem Korsett der jeweiligen Person. Wenn alle ausgelassen sind, können sie einander besser begegnen.

7.5 Kommunikativer Wert der Rituale

Rituale schaffen eine Konvergenz der Erwartungen. (Edelmann)

Kommunikation ist nicht nur „Veränderung" (Watzlawick), sondern nach meiner These auch oft die Abwehr derselben – die Gewißheit sohin, daß alles klar sei und ein gemeinsam anerkanntes Verhalten, ein Kodex der Abläufe zu herrschen habe. Wir organisieren unsere Welt in diesen Codes. Der Stammescode und der Code einer Nation fußen auf dem gleichen Prinzip: Ein allgemeingültiges Verhalten wird zum kategorischen Imperativ, der kategorische Imperativ zum allgemeingültigen Verhalten. Die Schleife ist geschlossen.

Unsere Codes, beispielsweise für die Verständigung im Straßenverkehr, sind klar. Alle sprechen eine gleiche Sprache. Man weiß über die Geschwindigkeitskultur des Straßenverkehrs genau Bescheid.

Die Dinge müssen somit in der Gesellschaftsmehrheit eine bestimmte Spanne an Lebenszeit haben, bevor sie zur „Sprache aller“ werden können.

Unsere Umgebung ist in den materiellen Dingen, die in ihr sind, nicht älter als zehn Jahre. Das heißt: Alle Gegenstände in unseren Alltagen sind zusammengenommen und statistisch als Durchschnitt ausgewertet nicht älter als 7 bis 8 Jahre. Wie geht sich es dann aus, zu sagen, daß es eine Generation braucht, um die Dinge zu verstehen?

Ganz einfach: Die Dinge, die um uns sind, haben zwei Qualitäten: Die eine ist jene der Zeit, die schon als „Erbinformation“ in ihnen steckt. Kleidung an sich ist nur etwa 2 Jahre alt, dennoch steckt die Zeit der Modezyklen zumindest aus der Spanne der Medienwirklichkeiten in ihnen. Wir wissen, wie 1940, 1950 oder 1970 „die Mode“ ausgesehen hat. Wir sind alle orientiert. Und alle ziemlich gleich orientiert – in jenen Dingen, die uns alle angehen.

Die Häuser sind etwa 60 Jahre alt, die Autos etwa 4, die Klänge sind nur ein halbes Jahr alt, die News einen Tag, die Einkaufsgewohnheiten etwa 2 Jahre. Aus diesen Zeiten gewinnen wir die Sicherheiten im Umgang.

Das ist die Kulturfähigkeit der Menschen, die aus der Zeit, die in den Dingen wohnt, abgelesen werden kann.

Wir brauchen diese den Gegenständen innewohnende Zeit als Informations- oder Lehrzeit. Die Zeit für das Lernen der Dinge ist eine kulturell wichtige, weil wir damit alle leben müssen, ohne uns ständig der Dinge vergewissern zu können.

Wenn die Zeit jedoch kurz und heftig, im Wandel als Informationsproduzent beschleunigt abläuft, dann werden Unterschiede viel deutlicher.

Die Teilnehmer am Informationsgehalt der Innovationen und jene, die zum ahnungslosen Proletariat der Information gehören, beginnen sich dramatisch voneinander zu unterscheiden.

Die Gesellschaft formiert sich neu. Die Entmachtung des Proletariats erfolgte durch die überlegene neue Datenfähigkeit eines der beiden Welterzfeinde – den USA. Die UdSSR konnte die neue Sprache der Welt ihren Bürgern nicht nahebringen – der Kampf um die Kulturdominanz der politischen Organisation war verloren. Der Klassenkampf war verloren. Das Proletariat war der Schönheit, die immer eine Entwicklung des Überflusses ist, nicht mächtig.

Erst als die Technologie der Rechner zum neuen Kulturgut der USA geworden war, konnte sich diese Nation als dominante Kultur zur alleinigen Weltherrschaft aufschwingen.

In den USA ist das „Verstehen der Computer" in der Gesellschaft am „ältesten" – daher spricht diese Gesellschaft eine Sprache, die der unseren weit überlegen ist.

Der Mythos der Technologiedominanz wird im Ritual der Computerisierung aller Erscheinungen des öffentlichen Lebens gefeiert. Die digitalisierte Gesellschaft ist einfach schneller. Sie setzt die Zeichen in die Welt und in der Welt, die allen anderen die Orientierung vorgeben. Die Politik nimmt diese Zeichen auf, bremst, wie es ihrer Rolle gemäß ist (moderare; verlangsamen) und versucht dennoch einigermaßen mit dem neuen Ritualhaushalt Schritt zu halten. Sie muß – und sie kann es, denn die Politik gehört ja jenen, die den Gang der Welt bestimmen; das sind die Besitzer der digitalisierten durchsichtigen Informationsgesellschaft und diese ist die Leitgesellschaft der Welt schlechthin. Deren neue, weltweit gültigen Kodizes sind die Piktogramme der Macht.

Kurz, prägnant und eindeutig.

Das neue Ritual der Welt äußert sich auch in der Globalisierung der Politik. Mergers und Aquisitions. Das Vereinte Europa. Die Weltpolizei USA. Der südostasiatische Raum mit den ASEAN-Staaten – sie lösen das alte nur durch ein höfisches Ritual zusammengehaltene Commonwealth ab, als Sieg der neuen politischen Zeichen und Rituale.

Politisches kann ohne Rituale nicht existieren. Rituale können ohne ihre politische Bedeutung – die Machtausübung über die Menschen, die im Ritual gefangen sind – nicht existieren. Politik, Ritual und die Kommunikation sind untrennbare Dreieinheit, sozusagen das göttliche Triumvirat der Macht. Der Ansatz, daß Kommunikation Handeln bewirkt, und daher Kommunikation Macht und Politik sei, läßt sich selbstverständlich zurückspielen auf die Politik, die sagt, ich bin Kommunikation und Ritual und daher Macht. Politik als nicht kommunizierte Erscheinung existiert nicht. Politik braucht einfach auch das Balzen und das Ausbeuten kognitiver Erwartungen bei den Adressaten. Dort laufen die Fäden zusammen – ähnlich wie Mead sagte, daß der Mensch ja keine Wirklichkeit nach der Antizipation entwerfe, gibt Politik über Kommunikation und Rituale diese Wirklichkeiten ständig vor.

Das Gebalze um den flexibel gewordenen Konsumenten in der Politik, die Regelbewahrung durch stereotype Handlungen – die ja das Vertrauen schaffen, das wir brauchen, um der Politik trotz ihrer dissonanten Realhandlungen vertrauen zu können – sind untrennbare Bestandteile des politischen Balz- und Machtrituals und -repertoires.

Diese öffentliche Macht ist mit einer enormen Produktion von Regeln und Ritualen verbunden. Rituale einer Politik werden zum zwanghaften Vereinheitlichungsinstrument (zu einem erzwungenen obendrein), zu einer Verengung der Weite, zu einer Knappheit der Freiheiten. Wenn wir es wirtschaftlich sehen, heißt das, daß das Angebot an Ritualen die Nachfrage übersteigt und die Nachfrage nach Individualismus und Nichtritual kein entsprechendes Angebot vorfindet.

Die Flucht aus dem öffentlichen Ritual findet nicht so leicht in segmentierten Gegenritualen statt – da ist die Macht auch mit Knüppeln dagegen, oder schlimmer noch, mit Schießgewehren. Aber die Flucht in private Rituale findet statt – in jene, die man Schrulligkeiten nennen könnte und es auch tut, weil man ihnen die Verzweiflung und die

Angst vor der Einsamkeit, wegen der sie stattfinden und die sie verursachen, auf den ersten Blick nicht anmerkt.

Private Rituale sind im Gegensatz zu öffentlichen Ritualen viel leichter widersprechbar, weil es im Privaten eben kein Gewalt- und damit auch kein Ritualmonopol gibt.

Gruppen, die Rituale haben und zum Merkmal des Gemeinsamen machen, begehen diese Rituale auch zum Merkmal einer Trennung. Sie geben im Ritual die Ordnung der Gruppe vor und schließen die Nichtkenner aus.

Das Ritual hat eine psychohygienische Funktion, es ist eine Heimat, die durch die Privatheit mit vielen Heimaten konkurrieren kann und darf. Nur dort, wo eine Heimat sich aufschwingen will zum einzig gültigen und geltenden Ritual, wird es unbehaglich.

Ritualmonopole sind extrem gefährlich und fatal. Das Machtritual und die rituelle Machtausübung der nordkoreanischen „Große Führer“-Familie zeigt, wie große Rituale die Menschen klein machen.

Wir sind auf der Reise. Wir leben in einem Mythos. Wir brauchen Orientierung. Wir brauchen Gesetze und Zwänge, oder meinetwegen Regeln, die uns unter ihren Zwang nehmen, eine Grammatik der Reise sozusagen. Ohne diese Grammatik und eine entsprechende Syntax geraten wir tatsächlich in Gefahr, uns zu verlieren, oder eben die Richtung zu neuen Zielen, die vielleicht nicht unsere sind, zu ändern.

7.6 Komfortzone der Rituale

Rituale verschaffen uns eine Komfortzone. Sie erlösen uns aus dem Horror der Einsamkeit und legen uns in die Wiege der Menschheit. Ohne alles verstehen zu müssen, ja zu wollen, haben wir Verständnis für alles und wissen, daß wir verstanden werden, solange wir uns an die gültigen Regeln des Rituals halten können.

Unsere Fremdenangst ist nicht bloß ein dümmliches Vorurteil, sondern ein fundamentaler Horror vor der möglichen Überlegenheit einer uns unbekannten Mächtigkeit: fremde Menschen mit fremden Gewohnheiten, die uns überwältigen! Und Menschen, die aus diesen fremden Gewohnheiten womöglich noch eine uns unbekannte wie lebensbedrohende Kraft schöpfen, um sich darin zu organisieren und uns fertig zu machen. Und weil wir auch denken, daß uns das eigene Ritual Macht über andere gibt, erschrecken wir über Rituale, die uns fremd sind. Nur wenn wir unserer kulturellen Überlegenheit gewiß sind, wenn wir sozusagen wieder rituell herangekarrt werden an das Unterlegene und dort Rituale beobachten können, fühlen wir uns unverletzbar und stark. Geschützt durch einen Panzer der Macht, einer Reisegruppe, eines Führers. Aber wehe wir sind alleine, irgendwo an einem Amazonas-Seitenarm, oder irgendwo in Zentralborneo. Wir hätten nicht Angst vor dem einzelnen, sondern vor jenen, die gemeinsam auftreten und Dinge tun, die uns fremd sind. Das ist auch der Grund, warum sich unsere Zuwanderer nicht einfach hineinwerfen in die Gesellschaft und in ihr aufgehen wollen, sondern ein ganz grundsätzliches Interesse daran haben, ihre Gewohnheiten, ihre Mythen, ja eben auch ihre Rituale zu behalten – beim Schlachten, beim Backen, beim Essen, in den Düften, in den Gesängen, in den Worten. Denn dort fühlen sie sich wohl.

Kluge Gesellschaften ermöglichen beides: das Behalten der eigenen Rituale und das Herangeführtwerden an die neue Gesellschaft und ihre Gewohnheiten. Das funktioniert nur in unbedingtem Respekt vor unterschiedlichen Ritualen. Amerika ist Europa da ein bißchen überlegen. Und wir, die Österreicher? Wir perpetuieren unsere Rituale in den Beamtenstuben, in der Politik, in den Institutionen solange, bis ein Haider kommen kann und einen unerträglich gewordenen Zustand politisch auszudeuten vermag. Mit antirituellen Ritualen, mit einem interessant komponierten Gekläffe, welches allemal Quotenrethorik ist. Denn Quotenrethorik ist wieder ein Ritual: das Einschwingungsritual auf die Angst, auf die Bedrohung. Und es kommt nicht von ungefähr, daß Haider genau die Fremdenangst ausbeutet und jene anspricht, die vor Fremden – das ist die Erneuerung, das ist die Innovation, das ist das Abschiednehmen – Angst haben.

7.7 *Die Mann–Frau-Rituale*

Ein wunderbarer Bereich für den teilnehmenden Beobachter, der Rituale beschreiben möchte, ist der um das Erobern, das Balzen, das Abweisen und Näherkommen: die inszenierte Herausforderung und die ungeheuerliche Gratwanderung zwischen Macht und Ohnmacht, zwischen Auftrumpfen und Nachgeben. Der Mythos der romantischen Liebe hat hier einen ganzen Fundus von Verhaltensausprägungen hervorgebracht. In archaischeren oder (nach unserem Dafürhalten) brutaleren Gesellschaften wird das Mann-Frau-Ritual nicht von Mann und Frau inszeniert, sondern von der Vorgängergeneration, und dient der Erhaltung oder Ausweitung von Macht. In der romantischen Liebe, nach der Aufklärung, haben Mann und Frau begonnen, ihr Schicksal, ihre erotischen- und Partnerschicksale selbst in die Hand zu nehmen.

Das Angebot des Mannes, Schutz und Territorium zur Aufzucht der Kinder anzubieten, ist überdeutlich hervorgetreten. Aber auch die Frau wurde zur Mitwirkung verpflichtet, indem sie eine Mitgift einzubringen hatte. Dies geschah in der Übergangszeit zwischen Eltern, organisierten Hochzeiten und den eigenen, freien Entscheidungen. Aber erst in diesem Jahrhundert haben Mann und Frau ihre Akquisitionsrituale und ihre Machtrituale in der Zweierbeziehung grundsätzlich umgestellt. Nach wie vor muß der Mann, selbst nach der Emanzipation und nach der Ära der Softies – seinen Mann stellen. Ja mehr denn je sogar, denn jetzt ist die emanzipierte Frau so weit, daß sie es ertragen kann, einen starken Mann zu akzeptieren, denn sie ist seiner Stärke Herr geworden. Ja Frau geworden! Denn mit der Mischung aus emanzipierten, ihr zugewiesenen Rechten und der alten, weiblichen List, potente Männer auf sich aufmerksam zu machen, ist die Frau unschlagbar geworden.

Aber zu den praktischen Ritualen.

Der Kauf von Blumen, was bedeutet der? Er steht stellvertretend dafür, daß der Mann zeigt, daß er der Herr der Natur ist, der die Früchte dieser Natur der Frau zu Füßen legen kann. Stellvertretend müssen die Rosen, als besonders prachtvolle Exemplare aus Mutter Natur, die früheren Gaben an Korn und Holz symbolisch ersetzen. Die Frau gibt die Blumen in die Vase, um zu zeigen, daß sie mit den Gaben des Mannes gut umzugehen weiß.

Männer, die Frauen Kleidung mitbringen, symbolisieren damit, daß sie Wärme und Geborgenheit, aber auch Status bieten können. Männer, die Frauen Gedichte schreiben, zeigen der Frau, daß sie die Welt gestalten können durch die Kraft ihrer Gedanken. Daß sie den Gedanken auch Kraft verleihen können, gehört zu werden. Eine besondere Gestalt. Und wer die Welt gestalten kann, kann auch eine Beziehung gestalten.

Die Liebe, die ohne Kalkül wäre, gibt es nicht. Denn wir sind darauf angewiesen, zu kalkulieren und unsere ganz archaisch angelegte Verpflichtung zur Weitergabe unseres Lebens so effizient wie möglich zu gestalten, um in der Zukunft symbolisch über uns hinauszuwachsen. Wer will es leugnen, daß wir zum Stamme der erziehbaren Tiere gehören? Wir können unendlich viel unterdrücken und an unseren Intellekt delegieren. Dieser hält uns im Zaum, aber hin und wieder ist er machtlos gegen die Stimme der Natur, die in uns auch unüberhörbar „primitiv" (welch ein Irrtum ist diese Bezeichnung angesichts der komplexen Abläufe, die zu einem einfachen Verhalten führen) funktioniert.

Wir sind Gefangene unseres eigenen binären Codes, der die Welt einteilt und uns in duale Schemata wie die Mann-

Frau Beziehung preßt. Wir befinden uns im Spannungsbogen zwischen den Unterschieden, die durch keinen Sozialisierungsprozeß wegzuerziehen sind.

7.8 Die Weltrituale

Rituale, so wissen wir, organisieren Gruppen. Wenn nun im Rahmen der Globalisierung die ganze Welt als eine Gruppe erlebt wird, müssen Rituale auch für die ganze Welt Gültigkeit haben. Gleichwohl müssen nicht alle Rituale überall und zu jeder Zeit die gleiche Gültigkeit haben, aber es muß eine Art Übereinkunft geben, die uns zeigt, daß wir miteinander zu tun haben und zu tun haben können. Es ist praktisch wichtig, daß wir einander verstehen. Dabei ist es unwichtig, ob es festgeschrieben ist oder so gelebt wird. Die formellen und informellen Übereinkünfte haben die gleiche Validität. Sie definieren ein Ritual: so und nicht anders!

Die Welt hat sich aufgemacht, sich über sich hinaus zu entwickeln, den Weltraum zu erobern. Alle vernünftigen Menschen merken, daß ihre ethno-zentrierten Weltbilder langsam ins Wanken kommen. Große gemeinsame Sportanstrengungen mit den Wettkämpfen, die mit gleichen und von allen anerkannten Regeln durchgeführt werden, gehen über Kontinente. Studenten werden ausgetauscht. Die Reisenden der Welt sind identisch mit den 500 Millionen Bürgern des Weltmittelstandes. Wissen fließt über die Welt. Die großen Feste, von denen alle wissen, die in dieser Welt auch nur etwas zu steuern vermögen, zeigen uns, daß wir alle aus dem gleichen Holz geschnitzt sind. Aus dem Zwang, zu leben und aus der Lust, dies so erträglich wie möglich zu machen, wächst die Lust auf weltweite Feste und Rituale.

Zu den Weltritualen gehören das Begegnen: das Freund-Feindritual, die Spielrituale, die zeremoniellen Essen und die Stammestänze.

Deutliche und explizite Weltrituale sind jene des Reisens. Die Orte des Reisens sind auf der ganzen Welt gleich.

Einen Flugplatz versteht jeder, der einen solchen schon öfter benutzt hat – egal, wo er sich befindet.

Das Ritual der Fortbewegung ist überall in der Welt gleich – ausgenommen bei einigen kleinen Stämmen im Rest des unentdeckten Dschungels in Amazonien.

Wir erkennen einander in der ganzen Welt als Abkömmlinge des Menschenstammes an, und wissen, daß wir des Schlafes, des Essens und der Zuwendung bedürfen – all diese elementaren Bedürfnisse werden auch von allen Gesellschaften zelebriert und anerkannt.

Sie sind auch die grundsätzlichen Rituale der Begegnung: Essen, ein Dach überm Kopf und Begrüßungen als Zeichen der zumindest zeitlich begrenzten Aufnahme in den Kreis des Stammes, dem man begegnet ist.

7.9 Ritualformen

Rituale begegnen uns in ganz unterschiedlicher Form. Ihre Funktion ist die, eine Gemeinschaft zu beruhigen. Rituale haben immer eine Funktion: jene Gruppen oder Individuen, deren verbindliche Codes und kultureller Sprachcode sie sind, ihrer Kraft, ihrer Macht und ihrer Sicherheit zu vergewissern. Manchmal aber werden diese Rituale gekippt, besonders inszeniert, mit einem zusätzlichen Symbolgehalt versehen, verändert. Oder zu bestimmten Zeiten aktiviert und zu anderen stillgelegt.

7.9.1 Heilrituale

„Das Heilritual hilft bei speziellen Problemen des einzelnen oder der Gemeinschaft. Von emotionellen Verletzungen, früh im Leben entstanden, stammen oft die persönlichen Mythen, die heute nicht mehr funktionieren." (Feinstein & Krippner, 1987, S. 144) Die Rucksäcke der Vergangenheit wiegen oft schwer. Der persönliche Mythos des „Versagers" zum Beispiel quält unzählige auch – oder gerade – erfolgreiche Menschen. Wenn sie sich dessen bewußt werden, suchen sie neue „Heimaten". Dies sind in der Regel Gruppen, die „Mitglieder-Bedeutungsrituale" im Repertoire haben: Lions, Freimaurer, Charityorganisationen – aber vor allem die Politik.

„Heilrituale werden Ihnen helfen, diese frühen Wunden verheilen zu lassen."(Feinstein & Krippner, ebd.)

7.9.2 Umkehrrituale

„Bei Festen oder anderen Ausnahmezeiten werden die Rollen gewechselt. So gibt es Stämme, bei denen an bestimmten Tagen die Frauen die Männer beherrschen. Bei solchen Ritualen etwa tragen die Frauen Männerkleidung und die Männer Frauenkleidung, Erwachsene benehmen sich wie Kinder, oder ein ganz normaler Mensch wird zur Verkörperung des Großen Geistes." (Feinstein & Krippner, 1987, S. 144)

Diese Umkehrrituale gehören zur Grundausrüstung des Repertoires des modernen Menschen.

Er oder sie müssen jederzeit in der Lage sein, ihre Rollen zu wechseln, die Rolle der Mutter und der Chefin, die Rolle des Managers, des spielenden Menschen in der Freizeit, des Liebenden und des Hassenden, des Führers und des Geführten.

7.9.3 Beständigkeitsrituale

„Rituale der Beständigkeit vermitteln Sicherheit auch in bewegten Zeiten, etwa Erntedankfeste oder Abschiedsfeste für Freunde oder Familienmitglieder." (Feinstein & Krippner, 1987, S. 144)

Wir werden bei dem Kapitel „Initiationsriten" noch einmal darauf zu sprechen kommen. Beständigkeitsrituale sind wie alle Rituale auf Vergewisserung ausgerichtet. Um solche allgemeinen Beständigkeitsebenen der Rituale mit dem Zeichen der weit darüber hinausreichenden Beständigkeit zu versehen, gibt es einerseits die Beständigkeitsrituale per se, andererseits die Rituale der Beständigkeit. Thanksgiving-Day in Amerika hat längst nichts mehr mit einem Erntedankfest zu tun: Amerikas Bauern, die nur zwei Prozent der Bevölkerung ausmachen, brächten, soweit sie erntedankfesten würden, niemals jene riesige rituelle Inszenierung zuwege, die Thanksgiving tatsächlich in den Vereinigten Staaten hat. Die agrarische Bevölkerung, die sozusagen das Erntedankfest legitimerweise und richtigerweise feiern könnte, lebt nicht in den Städten, sondern weit verteilt im Mittelwesten und im Westen. Dort aber findet das Erntedankfest, wie wir es als Erntedankfest dechiffrieren, nicht statt. Es findet statt in den urbanen Haushalten, in denen der Truthahn gegessen wird, und in denen das Ritual urbanisiert, abgehoben vom ursprünglichen Zweck stattfindet – aus einer Beständigkeit des Danksagens heraus. Diese Beständigkeit zeigt den Göttern (nämlich sich selbst, dem Über-Ich der Gesellschaft), daß man sich dessen bewußt ist, daß man die Gaben, die einem zur Verfügung stehen, der Geistesgegenwart (also dem Göttlichen) in sich selber verdankt.

7.9.4 Eroberungsrituale

Eine friedliche Gesellschaft läßt sich nur schwer auf Krieg einstimmen. Eine bedrohte Gesellschaft hingegen sehr leicht. Die Deutschen in den zwanziger und dreißiger Jahren sind ein berühmt-berüchtigtes Beispiel für eine kollektive Hysterie, die aber nicht nur Eroberungen galt, sondern auch der eigenen Reinigung. Ich begebe mich hier auf sehr glattes Eis, aber ich glaube, daß der psycho-kulturelle Faktor der deutschen Hyperaggression auch eine Aggression gegen sich selbst war. Die Gründe liegen in den unüberwundenen Verlusten. Die PTSD – die posttraumatische Streßdepression – führte zu einem kollektiven Selbstmordgedanken. Der Streß des verlorenen 1. Weltkrieges, der Streß und die Depression der relativen Bedeutungslosigkeit und Demütigung und der Streß, es zu nichts zu bringen, und wenn, dann gleich wieder in einer Weltwirtschaftskrise zu verlieren – das war für die Deutschen zuviel. Hitler hat diesen selbstvernichtenden, deprimierenden Streß am eigenen Leib erfahren und auf die Nation übertragen – und diese den ihren auf ihn.

Er hat mehrfach ausgesprochen, daß er auch die eigene Rasse von allem „lebensunwerten" Leben reinigen wolle, und hat damit den Deprimierten aus der Seele gesprochen. Weil er auch sich selbst aus der Seele sprach (er war sich seiner „Lebenswertigkeit" ja nicht sicher), war er so überzeugend. Auch sein Wahn am Schluß, die ganze Nation zerstören zu wollen, weist darauf hin, daß in seinen Eroberungsträumen auch ein Selbstvernichtungstraum – und zwar ein kollektiver und individueller Mitschwang. Er wußte, daß er selbst ein „lebensunwertes" Leben führte. So forderte er die Auslöschung einer ganzen Kultur.

Zur Inszenierung der Eroberung braucht es eine Bedrohung. Um Bedrohung vermitteln zu können, ist es nicht notwendig, einen aggressiven Feind zu haben, es genügt vielmehr auch, die eigene Aggression aufzubauen und zu inszenieren, wie die großen Aufmärsche aller totalitären Regime deutlich zeigen. Da die totalitären Regime nichts haben außer ihre eigene Aggressivität, die aus dem Neid gespeist ist, nicht so erfolgreich zu sein wie andere Gesellschaften, inszeniert sie die eigene Macht und Angriffslust durch eine Art gebetsmühlenartige Wiederholung der Auftritte, durch eine gleich und gleicherwerdende Markenprägung der Auftritte.

Eroberungsrituale haben immer ein sehr striktes Muster. Das Eroberungsritual ist präzise, kalt, genau und sehr kollektiv.

Dort, wo die Gesellschaft mit Eroberung nichts im Sinn hat, weil sie sich genügt, müssen jene, die die Gesellschaft steuern, zur Manipulation greifen. In Amerika wurde im Jahre 1917 eine eigene Kommission ins Leben gerufen, um Amerika auf den Krieg einzustimmen (Greel Commission, Noam Chomsky). Dies erfolgte vor allem über die Beschwörung der Fähigkeiten zur Macht, die im Land schlummerten. Solcherart wachgeküßt und aus dem Paradies des nachbürgerkriegerischen Friedens vertrieben, verschaffte sich Amerika im Ersten Weltkrieg in relativ kurzer Zeit einen großen Einfluß, überwand seine Isolation und wurde zum globalen Mitspieler. Der Rest ist Geschichte – und Gegenwart.

7.9.5 *Inititationsrituale*

Ein Buch wie dieses wäre unvollständig ohne einen Verweis auf die Initiationsrituale. Gerade Initiationen sind Schlüsselereignisse in persönlichen und gesellschaftlichen Lebensläufen. Wenn wir schon sind – aber noch nicht da sind – müssen wir zur Welt kommen. Diese Ankunft ist ein einschneidendes Erlebnis für zwei Menschen. Ein Mensch entbindet einen anderen seiner absoluten Abhängigkeit von ihm selbst. Der neue Mensch, der zur Welt kommt, wird von dieser nicht immer sofort aufgenommen: es dauert manchmal einige Tage, bis die Gewißheit herrscht, daß der neugeborene Mensch auch lebensfähig ist. Erst dann wird er in einem rituellen Zusatzakt (zum Beispiel der Taufe) in die Gemeinschaft aufgenommen. So ist Initiation immer Zugang zu einer Gemeinschaft und Abschied aus einer Isolation. Von einer Ausschließlichkeit geht der Weg zu einer Einschließlichkeit. Egal ob wir nun getauft werden oder beschnitten, immer ist dieser Teil ein Abschied und die Geburt eines neuen Verantwortungsortes.

Die Einführung in die Welt erfolgt meist mit Schmerzen; zumindest mit dem Schmerz des Abschieds. Selbst in einer Heirat liegt der Schmerz des Abschiednehmens. Die individuelle Freiheit ist nicht verloren. Aber ihr wächst eine Verantwortung hinzu, die man freiwillig übernommen hat. Dadurch initiiert man sich selbst in eine neue Form des Daseins – ausgerichtet auf Bewahren und Teilen. Um dies ertragen zu können, muß die Gewißheit herrschen, daß das Leben „bereichert“ wäre. Die Größe des Schrittes zeigt sich auch in der Größe des Rituals. Kein anderes privates Ritual – egal ob Taufe, Beschneidung, Sponsion – findet in einem derart überwältigenden – vom normalen Leben unterscheidbaren – Ausmaß statt.

Die Heirat sprengt das Normale bei weitem. Der Wechsel der Kleider, ja das Schneidern eigener Gewänder ausschließlich für diesen Tag, das Herrichten von Speisen und Speisenformen (Hochzeitstorte), die Rollenzuteilung vom Trauzeugen bis zu den Brautjungfern und den Blumenmädchen sind eine Serie von Inszenierungsmerkmalen, die ein großes Initiationstheater dokumentieren. Aufgewertet wird dieses Theater noch durch zwei weitere Subrituale: Der Bräutigam nimmt einen Abend vor der Hochzeit Abschied von seinem bisherigen Leben. Noch einmal werden ihm die Freuden des bisherigen Lebens verdeutlicht: nicht selten in einem Bordell. Meistens aber mit einem rituellen Zelebrieren der Verantwortungslosigkeit, indem man sich betrinkt und Streiche spielt. Am Tag der Heirat – nach dem Fest – wird dem Bräutigam noch einmal die Braut entwendet. Noch einmal soll er den Horror erleben, von ihr abgetrennt zu sein, noch einmal muß er durchspielen, wie wichtig sie ihm ist und sie mit Geld auslösen! Erst anschließend dürfen die reichen Geschenke jener, die diesen Umstieg nicht nur als Freude, sondern auch als Schmerz erkennen und dafür die Tröstungen spenden, als Beute mit nach Hause genommen werden, in ein zukünftiges Leben.

Dieses Leben dauert solange, bis der Tod (oder die Scheidung) einen scheidet. Und wieder ist es eine Inszenierung. Die Scheidung ist der Tod der Liebenden und der biologische Tod ist der Tod aller Macht. Der biologische Tod ist das Ende der Fähigkeit, Ort zu wechseln und Meinung zu haben. Der biologische Tod schließt den Kreis des Lebens. Er wird im Gegensatz zur Geburt des Menschen sehr groß, dafür nur einmalig, zelebriert. Auch dies ist mythologisch erklärbar: Kein Stamm der Welt konnte und kann heute wissen, was aus einem Neugeborenen wird. Noch haben wir genetische Programmierung nicht. Noch ist Gattaca keine Realität. Daher können sich die Stämme nur auf eine Vermutung einlassen. Und Vermutungen werden nicht so zelebriert wie Endgültigkeiten. Die Vermutung bei der Geburts- und Taufinitiation ist nichts weiter als eine Hoffnung. Im Falle der Eheschließung werden schon zwei Gewißheiten miteinander verbunden. Und weil es zwei Gewißheiten sind, aus denen die Hoffnung auf eine dritte entstehen soll (in guter Hoffnung sein!), wird die Hochzeit mächtig gefeiert.

Am feierlichsten und würdevollsten ist jedoch das Begräbnis des Lebens inszeniert. Es ist die Geste der Dankbarkeit, die Initiation in das Ewige und in das Unbestimmte. Hier trifft sich des Menschen Aufgeklärtheit mit der unerklärbaren Mythologie am massivsten.

Wir, die wir alles zu wissen scheinen, wissen angesichts des Todes nichts, und das läßt uns erschauern. Immer wenn wir erschauern, haben wir unwillkürlich Angst vor den Göttern. Wenn wir Angst vor den Göttern haben, inszenieren wir große Feste und beschwichtigen sie. Dieses Beschwichtigen findet im Begräbnis unterschwellig auch darin Ausdruck, daß wir den Toten sozusagen den Göttern zurückgeben als eine gehabte Leihgabe, die uns genützt hat. Die Begegnung mit den Göttern angesichts des Todes ist also ein Dankesritus. Wenn der Verstorbene den Göttern überreicht wurde, wird gegessen.

Essen ist hier auch die Abwehr und Trotzhaltung gegen das Sterben. So hat sich auch noch im Essen ein mythologischer Funke niedergelassen, der zeigt, wie unser Leben beschaffen ist: Es ist ein Zyklus aus Initiationen, die Vergangenes abstreifen und Neues eröffnen. Immer sind diese Initiationen auch von Essen begleitet: bei der Geburt, bei der Heirat, beim Tod. Essen verbindet uns mit der Welt. Es ist der Treibstoff, um neue Wege gehen zu können, einen neuen Aufbruch zu wagen und Altes hinter uns zu lassen. Ich habe mich oft gefragt, warum nach einem Todesfall gegessen wird. Warum Leute zusammenkommen, um einen Leichenschmaus zu halten. Ich habe lange gebraucht, um die Antwort zu finden: Der Leichenschmaus ist der Reiseproviant für die Zukunft. Und dieser Reiseproviant wird von der ganzen Mannschaft, die sich angesichts des Todes rund um das Grab als eine Gruppe der Überlebenden erlebt hat, zu sich genommen, um den zukünftigen Herausforderungen des beschwerlichen Marsches zum eigenen Tod besser „gewappnet“ zu sein.

Wenn es stimmt, daß die Gesellschaft etwa von 5.000 Menschen weltweit besessen wird, so ist zu hoffen, daß unter diesen 5.000 Menschen viele sind, die in der Konsumgüterindustrie ihr Vermögen machen, und das geschieht heute. Daher ist es zu erwarten, daß die Voraussetzungen für den Massenkonsum nicht nachhaltig zerstört werden wollen.

Das heißt, durch dieses neue weltweite Netz und das Wissen und den Konsum von Alltagsprodukten hat sich das Caring- und Sharing-Prinzip als das tauglichere erwiesen als das Erobern und Niederbrennen. Die zunehmende Liberalisierung ist nichts anderes als ein Abwälzen der Verantwortung des Kapitals auf den einzelnen. Was bisher dem Staat sozusagen vom Kapital erlaubt war, nämlich die Zähmung der Untertanen und das Regulativ gewisser Zugänge (eine Art Selbstzensur des Systems), wurde ihm nur erlaubt, weil es produktiver war, die Wirtschaftsbeschränkungen auf sich zu nehmen und die Untertanen zu zähmen, als keine Wirtschaftsbeschränkung und keine Untertanenzähmung zu haben. Es war sozusagen eine Art Klassenkampf der gegenseitigen Unfreiheiten oder Freiheiten.

Die Welt funktioniert denk-, arbeits- und informationsteilig.

Das ist gut so, weil damit der Zwang zum Austausch immer größer wird – und Informationsmonopole schlecht aufrechtzuerhalten sind. Die Übereignung von Wissen an Massen (Demokratisierung) ist ein hoffnungsvoller Schritt in eine Richtung, in der Menschen Prozesse zwar nicht anfangen, sie aber mitsteuern und beeinflussen können – durch Boykott oder Mißbilligungen anderer Art. Dadurch, daß die Gesellschaft auf der Vernichtung von Gütern beruht, muß ihr, um Kriege zu vermeiden, die Infrastrukturen zerstören, der Konsum als „Zerstörfaktor" dienen. In ihm finden die modernen Kriege statt, in ihm wird zerstört, was vorher gewonnen wird. Aus der Differenz zwischen Rohware und Konsumfäkalie wird die Energie für das System gewonnen.

Dieser Verdauungsapparat der Welt formt Rohöl über Geschwindigkeit und andere Maschinen in Systemen sozialer und industrieller Funkton zur gigantischen Abfallhalde an. Eines Tages wird der Abfall der Rohstoff für das weitere Fressen, Rülpsen, Furzen und die Blähungen der Welt sein. Das ist der Krieg der modernen Welt. Er findet teilfriedlich statt. Diese Sedierung der Massen braucht Ventile im Konsum, durch die Medienspiegelung von Gewalt und durch Gewaltrituale im Sport. Die Abwesenheit von brachialer physischer Gewalt im Alltagssystem fordert Gewaltimages in den Medien ein – einerseits, um die böse Gegenwelt darzustellen, die es zu vermeiden gilt, andererseits, um den tiefsitzenden Instinkt und das Bedürfnis nach Gewalt und Aggression im Menschen mit einem Surrogat zu befriedigen. Wie gesagt: Fußball ist das Methadonprogramm des Krieges.

Wir können damit rechnen, daß die intelligenten Systeme es vermeiden werden, in sich selber zur zerstörerischen unmittelbaren Gewalt zu greifen.

Das westliche Informationssystem der Gesellschaft ist auch die neue Wirklichkeit der Gesellschaft. Sie kann nicht mehr umgedreht werden, da der Mensch in diesen Systemen um die Möglichkeit des Informationsaustausches bis zu einer bestimmten „Kritikhöhe" Bescheid weiß. Er kann nur über die Teilhabe am System gesteuert und ausgebeutet werden. Daher ist das System sehr safe. Denn wer bringt es schon fertig – in Anlehnung an einen Klospruch der 68er –, die Hand zu beißen, die einen füttert.

Man muß fähig sein, jene Gruppen zu identifizieren, die die Gesellschaft bewegen. Wie ich schon sagte: Soziale Intelligenz ist es, aufs richtige Pferd zu setzen. Und emotionale bedeutet, dazu den eigenen Sattel mitzubringen.

Man muß die Gruppen, deren Rituale, deren Symbole, und deren Verhältnis zu den anderen Kulturen und Subkulturen der Gesellschaft kennen. Ein Gangster, der neu in eine Stadt kommt, wird in ihr nichts anfangen können, wenn er sich mit den gesalbten Priestern verbindet anstatt mit seinesgleichen. So ist die Mär vom Quereinsteiger immer eine

Mär. Denn der Quereinsteiger hat entweder ein Strukturwissen oder er bringt als Mitgift das Strukturwissen von einer jener Gruppen mit, die es zu gewinnen gilt. Aber auch ein Kulturminister, der als Verkehrsminister einsteigt oder quersteigt, ist kein Querumsteiger oder Einsteiger, denn er ist Fachmann im politischen Strukturmanagement. Daher ist das Ziel egal, gewußt werden muß der Weg. Alle Gruppen, die Macht ausüben, pflegen starke Vereinigungs- und Austauschrituale weit über das hinaus, was der Sache allein schon dienlich wäre. Rituell wird um die Sache länger gestritten, als um die Sache gestritten werden müßte – wenn, wie gesagt, nur die Sache selbst das Thema wäre. Da aber der Streit um die Sache auch eine andere Funktion hat, ein Vergewisserungsritual des Gemeinsamen durch Betonung und lange Ausatmungen der Unterschiede, entsteht ein fundiertes Wissen über den gesamten emotionalen Haushalt aller Gruppenmitglieder.

Denken verändert die Sicht auf die Dinge. Aus diesem Grund erleidet der Denkende den Schmerz der Veränderung im Denken. Wer über etwas nachdenkt oder in etwas vorausdenkt und die Konsequenzen bedenkt, verändert jenen Ort der Welt, den er denkt. Das ist nicht nur das konstruktivistische Szenario oder Erklärungsmodell, das ist auch Faktenlage. Wenn wir an etwas denken und über etwas nachdenken, verändern wir die Welt. Und die Veränderung der Welt bedeutet immer auch einen Schmerz, den Schmerz eines Abschiednehmens von etwas, was bisher so war und sich nun verändert …

Ein Licht der Orientierung gibt es: Mythen. Riten. Rituale. Manchmal aber sieht man dann geblendet von der Orientierung nicht mehr, wie überholt das Design und der Inhalt des Rituals sein können.

Wir brauchen die Rituale, um „kane Tanz“ zu machen. Deshalb tanzen wir nach der Pfeife der Rituale – so deutlich, daß jene, die genau hinschauen, wissen, woran sie sind.

Wien 1998/99

Literaturempfehlungen und -hinweise

Abendroth/Lenk: „Einführung in die politische Wissenschaft", UTB/ Francke Verlag, 1968

Adorno Theodor W.: „Minima Moralia"; Bibliothek Suhrkamp, 1983

Antons Klaus: „Praxis der Gruppendynamik", Verlag für Psychologie Hogrefe

Atzwanger/Kapfer: „Der Weg zum Wähler", Wirtschaftsbetrieb der Politischen Akademie, 1994

Bell Daniel: „Die kulturellen Widersprüche des Kapitalismus", Campus 1037, New York, 1991

Berg-Schlosser, Maier, Stammen: „Einführung in die Politikwissenschaft", Beck, München, 1974; Bergedorfer Gesprächskreis zu Fragen der freien industriellen Gesellschaft (Protokoll Nr. 92/1991)

Birgkit K., Stadler M. M., Funk H. J.: „Coporate Identity – Grundlagen, Funktionen, Fallbeispiele", MI, 5. Auflage

Birkenbiehl Michael: „Train the Trainer", Verlag Moderne Industrie, 11. Auflage, 1993

Braun Walter: „Die Youngsters", Bestseller, 12/90

Brinkmann/Kirschner: „Dealing with people you can't stand", McGraw-Hill, 1994

Bürger Joachim: „Werben wie die Profis", MI Paperbacks (ein Handbuch für die Einführung in die Welt der Werbung)

Campbell Joseph: „Die Kraft der Mythen", Artemis. Campbell geht hier auf die Bilder der Seele im Leben des Menschen ein. Ein wunderbares Buch, um herauszufinden, auf welchen Reisen wir uns befinden und warum wir uns auf welchen Reisen befinden, als einzelne, als Menschen, als Gesellschaft. Ein großer Beitrag zum Verständnis unseres kollektiven Unbewußten und unseres Verhaltens.

Canetti Elias: „Masse und Macht", Fischer, 1980

Capra Fritjof: „Wendezeit", Knaur, 1988. Ein umfassender Versuch der Welterklärung mit dem Kernstück Physik. Capra geht jedoch auf eine holistische Betrachtung der Welt ein, er greift auf die Mythen Campbells und die Ausführungen C. G. Jungs zurück.

Claessens Dieter: „Rolle und Macht", Reihe Grundfragen der Soziologie, Band 6; Hrsg.: Dieter Claessens; Juventa, 1968

Co Hen: „Abweichung und Kontrolle", Juventa

Dahrendorf Ralf: „Betrachtungen über die Revolution in Europa", DVA, 1990

Dethlefsen Thorwald/Dahlke Rüdiger: „Krankeit als Weg", Bertelsmann Verlag. Das Buch ist eine Aussage zur Sicht von der Krankheit. Die Krankheit ist der Ruf der Seele nach Heilung und die Sehnsucht des Spirituellen nach Ganzheit. Die Symptome sind nicht Krankheit, sie sind bereits Heilungsprozeß. Mythos Gesundheit am Prüfstand.

Diverse Autoren: „Handbuch des politischen Systems Österreichs", Manz (hrsg. v. GERLICH P.)
Diverse Autoren: „Die Zukunft des Kapitalismus", Econ
Diverse Autoren: „Perestrojka: Kontinuität; Ende oder Wende?", Prot. Nr. 92/1991 Bergedorfer Gesprächskreis
DOMHOFF William C.: „The powers that be" („Processes of ruling class domination in America"); First Vintage Books Edition, Random House, N. Y., 1979
DRUCKER Peter F.: „Die Zukunft managen", Econ
DRUCKER Peter F.: „Neue Realitäten", Econ
EDELMANN Murray: „Politik als Ritual", (Die symbolische Funktion staatlicher Institutionen und politischen Handelns) Campus 1033, New York, 1990. Wesentliches Werk für das Verständnis politischer Rituale und Inszenierungen.
FEINSTEIN/KRIPPNER: „Persönliche Mythologie. Die psychologische Entwicklung des Selbst", Sphinx, 1987
FEYERABEND Paul: „Wider den Methodenzwang", Suhrkamp Taschenbuch 597, 1975
FRANKL Viktor: „Der unbewußte Gott", dtv
FRANKL Viktor: „Psychotherapie für den Alltag", Herder
FREUD/BREUER: „Studien über die Hysterie", Bücher des Wissens, Fischer
FROMM Erich: „Die Anatomie der menschlichen Destruktivtät", rororo 7052
FROMM Erich: „Ethik und Politik", (Antworten auf aktuelle politische Fragen) Hrsg. v. Rainer Funk, Beltz, 1990, Basel
GAEDEMANN Klaus: „Ich habe immer Zeit", Ariston Verlag
GALLE/NELSON/LUSE/VILLERE: „Business Communication", Irwin, 1996
GAMBER/TOELSTEDE: „Video-Training und Feedback", Beltz, 1993
GEFFROY Edgar K.: „Das einzige was stört ist der Kunde", MI business, 1997
GERKEN Gerd: „Manager, die Helden des Chaos", Econ
GERKEN Gerd: „ Der Konsument als triviale Maschine", Radar für Trends Nr. 14/August 89
GERKEN Gerd: „Der Wandel im Wandel", Radar für Trends Nr. 8/April 89
GERKEN Gerd: „Kommunikationswettbewerb", Radar für Trends Nr. 8/ November 88
GERKEN Gerd: „Marketing und öffentliche Emotionen", Radar für Trends Nr. 12/Juni 89
GERKEN Gerd: „Öffentliche Hysterien (Rauchen)", Radar für Trends Nr. 10/Mai 88
GIRTLER Roland: „Der Adler und die drei Punkte", Böhlau Verlag
GÖRLITZ Axel: „Handlexikon zur Politikwissenschaft 1", Hrsg.: Axel Görlitz, Rowohlt, 1973
GREIFENHAGEN Martin: „Demokratisierung in Staat und Gesellschaft", Piper Sozialwissenschaft Nr. 1973
GROF Stanislaw: „Die Welt der Psyche. Neue Erkenntnisse aus Psychologie und Bewußtseinsforschung", Kösel. Grof ist Mediziner und Philosoph und geht weit über die herkömmliche Bewußtseins-

forschung hinaus. Seine Methode des holothropen Atmens ist eine Möglichkeit, transpersonale Zustände herbeizuführen (das heißt, in Erfahrungsbereiche vorzustoßen, in die das Rationale nicht vorstoßen kann). Er verfolgt die Theorie, daß die Psyche weit über das „Gewebe, das in unserem Kopf enthalten ist", hinausgeht und nicht in diesem Bereich auf Aktivitäten beschränkt ist. Durch seine Matrizen (die vier perinatalen Matrizen) weist er uns in recht eindrücklicher Weise auf die Möglichkeit unseres Verhaltens hin, das durch diese Prägungen mitgesteuert wird und zu ganz erstaunlichen – so lange sie nicht erkannt, erforscht und integriert werden – Auswirkungen (negativen/positiven) führen.

GULDIMAN Tim: „Die Grenzen des Wohlfahrtsstaates am Beispiel der Bundesrepublik und Schwedens", Beck'sche schwarze Reihe Band 145, 1976. Überholt oder nicht? Diese Frage beantwortet der derzeitige Zustand der Sozialsysteme.

GUTWINSKI Thomas: „Baum der Erkenntnis", im Bestseller Nr. 7–8/90

HARRISON Allen F./BRAMSON Robert F.: „The art of thinking", Berkley Book, 1982, New York. Diese methodische Betrachtung des Denkens als „Apparatfunktion" ist ein wichtiger Beitrag zur Stimulanzmöglichkeit seines „Denkapparates". Training und Gedächtnisleistung hängen eng zusammen.

HASLINGER Josef: „Politik der Gefühle", Exzerpt Wochenpresse, August 1990

HEGEL G. W. F.: „Ästhetik 1" + „Ästhetik 2", Hrsg.: Körber-Stiftung, Hamburg-Bergedorf

HERSCH Jeanne: „Das philosophische Staunen", Piper, Band 1059, 1981. Dieses Buch ist „Sofies Welt" für Erwachsene.

HURRELMANN Klaus: „Sozialisation und Lebenslauf", Hrsg.: Hurrelmann, Rowohlt, 1976. Empirie und Methodik sozialwissenschaftlicher Persönlichkeitsforschung

IGNATIUS VON LOYOLA: „Geistliche Übungen", Herder Verlag

JÄGGI Urs: „Sozialstruktur und politische Systeme", Wissenschaftliche Bibliothek Nr. 84, Kiepenheuer & Witsch

JOHNSON Robert A.: „The psychology of romantic love", Arcana Verlag

KALTENBRUNNER (Hrsg.): „Die Macht der Meinungsmacher", Herder Bücherei Initiative 11, Band 9511, München, 1976

KAMOLZ/MIESSGANG: „Zwei Männer und ein Baby", Profil Nr. 39/91

KANT Immanuel: „Kritik der reinen Vernunft", Hrsg.: Renner; Weichert Verlag

KAPFER Ludwig: „Das Gamma Modell", Gupe, 1992

KEMPER Erwin: „Verrat an Österreich", Zeitschriftenbuch

KENNEDY Paul: „In Vorbereitung auf das 21. Jahrhundert", S. Fischer

KHADEM Riaz/LORBER Robert: „One Page Management", Quill William Morrow, 1986 (zu beziehen über S.O.C. Wien)

KHOL Andreas: „Fragen & Antworten zur EG Integration", Reihe „Standpunkte", Band 17, Politische Akademie, Wien, 1989

KLAUER Karl Christof: „Probleme lösen", Hogrefe

KLEE Ernst: „Gastarbeiter. Analysen und Berichte“, Hrsg.: Ernst Klee; Edition Suhrkamp, 1972
KNOLL Jörg: „Kleingruppenmethoden“, Beltz, 1997
KROEBER-RIEL Werner: „Informationsüberlastung durch Massenmedien und Werbung in Deutschland“, im Magazin „Die Betriebswirtschaft“, Heft 3/87, Seite 257 ff.
LAING Ronald D.: „Self & Others“, Tavistock
LAING Ronald D.: „Knots“, Penguin
LAING Ronald D.: „Liebst Du mich“, Kiwi
LAING Ronald D.: „Phänomenologie der Erfahrung“, Suhrkamp
LAUSTER Peter: „Selbstbewußtsein“, Econ Verlag. Sensibel bleiben, selbstsicher werden. Eine kleine Fibel, die hilft, Basics im Kommunizieren und im Darstellen zu erfahren und anzuwenden.
LESER Norbert: „Sozialphilosophie, BSB. Ein Breitbandwerk des österreichischen Philosophen. Die gesamte Geschichte der neuzeitlichen Philosophie (Staats, Rechts, Sozialphilosphie), die den sozialphilosophisch dritten Weg zwischen marxistischem totalitärem und individualistischem Ansatz, den christlich personalistischen, formuliert.
LEVINSON J. Conrad: „Guerilla Marketing“, Houghton Mifflin Verlag
LOWEN Alexander: „Der Verrat am Körper“, rororo
MAGDOFF Harry: „The Age of Imperialism“, Modern Reader Paperbacks
MARCUSE Herbert: „Triebstruktur und Gesellschaft“, Suhrkamp, 1970 (zuerst erschienen unter dem Titel „Eros und Kultur“, 1957)
MARX Karl: „Das Kapital“
MASLOW Abraham H.: „Motivation und Persönlichkeit“, Rowohlt, 1981. Maslow ist das große Vorbild der transpersonalen Psychologie. (Grof, Hal Zina Bennet et al.)
MATHIESEN Thomas: „Macht und Gegenmacht – Überlegungen zu wirkungsvollem Widerstand“ („Öffentlichkeit als Handlungsarena“), aus der Reihe: Materialien der AG SPAK, Nr. 70, München, 1986
MEADOWS/RANDERS: „Die neuen Grenzen des Wachstums“, Deutsche Verlags-Anstalt, 1992, Stuttgart
MILLS Theodore M.: „Power Elite“, Oxford
MILLS Theodore M.: „Soziologie der Gruppe“, Juventa, 1969; Original: „The Sociology of Small Groups“, Prentice Hall
MOSER F.: „Bewußtsein in Raum und Zeit“, Grundlagen einer holistischen Weltauffassung auf wissenschaftlicher Basis; Leykam. – Dies ist ein sehr komplexes, schwieriges Buch, das dem Prinzip der Fusionierung von Wissenschaft und Wissenschaftstheorien sowie intuitiven Erkenntnissen und transwissenschaftlichen (intuitiven/spirituellen) Quellen folgt.
MÜLLER-FUNK (Hrsg.): „Neue Heimaten – Neue Fremden“, Picus
MURPHY Joseph: „Die Praxis des positiven Denkens“, Goldmann Esoterik
NAISBITT John: „Megatrends“, Futura McDonald & Co, 1984
NOACK/STAMMEN: „Grundbegriffe der politikwissenschaftlichen Fachsprache“, Ehrenwirth, 1976

ORWELL George: „Animal Farm“, Penguin
PACKARD Vance: „Die geheimen Verführer“, Econ Verlag, 1992
PARSONS Talcott: „Das System moderner Gesellschaften“, Reihe Grundfragen der Soziologie, Band 15, Hrsg.: Dieter Claessens; Juventa, 1972
POPCORN Faith: „The Popcorn Report“, Heyne, 1992, München
POSTMAN Neil: „Das Technopol“, Fischer, 1992; Orig.: Alfred A. Knopf, Inc., N. Y., 1991
POSTMAN Neil: „Das Verschwinden der Kindheit“, Fischer, 1987; Orig:: Delacorte Press, N. Y., 1982
POSTMAN Neil: „Die Verweigerung der Hörigkeit“, Fischer, 1988; Orig.: Alfred A. Knopf, Inc., N. Y., 1988
POSTMAN Neil: „Wir amüsieren uns zu Tode“, Fischer, 1992; Orig.: Viking-Penguin, Inc., N. Y., 1985
REICH Wilhelm: „Charakteranalyse“, Fischer, Bücher des Wissens
RICHTER H. E.: „Flüchten oder standhalten“, rororo
RIEMANN Fritz: „Grundformen der Angst“, Ernst Reinhard Verlag
RINGEL Erwin: „Die österreichische Seele. 10 Reden über Medizin, Politik und Religion“, Böhlau Verlag
ROECKLEIN Hannelore: „Welträtsel Mensch. Ein psychologisches Lesebuch“, (Autoren: C. G. Jung, Erich Fromm, Maria Montessori, Eugen Drewermann, Bruno Bettelheim) Hrsg.: Hannelore Roeckelein; dtv
ROTHFUSS: „Wörterbuch der Werbesprache“, Rothfuss Verlag
ROWAN Roy: „Spitzenleistungen durch intuitives Management“, Econ Praxis Management 1989
SCHMIDBAUER Wolfgang: „Die Angst vor Nähe“, Rowohlt
SCHRENCK-NOTZING Caspar v.: „Demokratisierung – Konfrontation mit der Wirklichkeit“, Langen-Müller, Reihe Stichworte, Band 1; Verlag Langen-Müller
SCHULTZ/VON THUN: „Miteinander reden“. rororo. Störungen und Klärungen. Psychologie der zwischenmenschlichen Kommunikation. Sachbuch mit sehr hoher Erklärungsleistung zu den Grundzügen der Kommunikation
SHEHAN David: „The Anxiety Desease“, Bantam Book
SHOSTROM Everett: „Der Mensch als Manipulator oder Marionette“, Abingdon Press, New York, 1967
SKOWRONNEK Karl: „Wesen und Wert der Werbung“, Österreichischer Gewerbeverlag, 1964
SLOTERDIJEK Peter: „Medienzeit. Drei gegenwartskritische Versuche“, Cantz Verlag (Herausgeber: Heinrich Klotz)
SLOTERDIJEK Peter: „Ptolomäische Abrüstung und Kopernikanische Mobilmachung“, Edition Suhrkamp
SLOTERDIJEK Peter: „Zur Welt kommen. Zur Sprache kommen“, (Frankfurter Vorlesungen) Edition Suhrkamp
SMOTHERMOON Ron: „Drehbuch für Meisterschaft im Leben“, Kontext-Verlag, 1980. Ein äußerst interessantes Buch, dessen Titel ein bißchen irreführend ist. Es gibt keine Soll-Anleitung „How to do …“, sondern

eine Herausforderung, Verstehen zu sollen und zu wollen, „Was" im Leben „ist". Es ist eine Materialiensammlung, die nicht das Funktionieren im Leben anstrebt, sondern das Erkennen und auch das Loslassenkönnen. Äußerst hilfreich im Bereich der Kommunikation – mit sich selber und mit anderen.

SPITZER Gerald: „Die Ebenen des Product Placement", MC Wien Broschüre, 1993

SPRENGER Reinhard K.: „Mythos Motivation", Campus Verlag, 1991, Frankfurt/M.

SZONDI Peter: „Theorie des modernen Dramas", Suhrkamp

THOREAU Henry D.: „Walden – oder: Leben in den Wäldern", Diogenes – Dieses Buch versucht, die Kommunikation der Verweigerung oder die Verweigerung der Kommunikation als eine Form der Veränderung der Welt darzustellen. Eher Marginalliteratur.

TUMION Melvin M.: „Schichtung und Mobilität"; Juventa 1968; Original: „Social Stratification" Prentice Hall Inc., Englewood Cliffs, New Jersey

unbekannt: „Familiensozialisation durch Fernsehwerbung" (Dissertation am Institut für Publizistik an der Universität Salzburg), Schriftenreihe des Landespressebüros, 1978

VIRILIO Paul: „Geschwindigkeit und Politik", Merve, Berlin, 1990

VOGLER Christopher: „Mythic Structure for Longrunning Series", Vortrag Europäisches Drehbuchforum

VOPEL Klaus W.: „Die Unternehmenskultur", Iskopress, 1994

VOPEL Klaus W.: „Interaktion im Team", Iskopress, 1996

VOPEL Klaus W.: „Metaphorische Aktionen", Iskopress, 1993

WAGNLEITNER Reinhold: „Coca-Colonisation und Kalter Krieg", Die Kulturmission der USA in Österreich nach dem 2. Weltkrieg. Verlag für Gesellschaftskritik, Band 52, Wien, 1991

WARD Milton: „Nutze den Schmerz", VAK-Verlag für angewandte Kinesiologie, Freiburg

WATZLAWICK Paul: „Anleitung zum Unglücklichsein", Piper

WATZLAWICK Paul: „Vom Schlechten des Guten", Piper

WIEHN/MAYER: „Soziale Schichtung und Mobilität", Beck, München, 1975

WITTGENSTEIN Ludwig: „Tractatus Logico Philosophicus", Edition Suhrkamp, 1963

WURMAN Richard Saul: „Information Anxiety", Pan Books

ZANDER Ernst: „Praxis des Führens. Führen wieder gefragt", Sauer Verlag

ZDARZIL Herbert: „Pädagogische Anthropologie", Styria Verlag

ZELLINGER Alfred: „Stadtwolf/Zeitbericht", Medusa, 1984